Henri J. M. Nouwen 헨리 나우웬
1932-1996

자신의 아픔과 상처, 불안과 염려, 기쁨과 우정을 여과 없이 보여줌으로써 많은 이들에게 영적 위로와 감동을 준 상처 입은 치유자. 누구보다 하나님과의 친밀한 관계를 원했던 그는 하나님을 사랑하는 법과 인간의 마음에 임재하시는 하나님을 발견하고자 애썼다. 매년 책을 펴내면서도 국제적인 강사, 교수, 성직자로서 정신없이 바쁜 행보를 이어갔고, 이러한 그의 삶은 1996년 9월 심장마비로 이 세상을 떠날 때까지 계속되었다.

수많은 강연과 40여 권이 넘는 저서를 통해, 그리고 무엇보다 자신의 삶을 통해 하나님과 직접 교제하는 모범을 보여주었다. 자신의 내면을 들여다보기 위해, 하나님을 사랑하고 그분의 사랑을 받는 법을 배우기 위해, 그래서 그 사랑으로 다른 사람들을 부르기 위해 종종 일터에서 물러났으며, 마침내 안착한 곳은 지체장애인들의 공동체 라르쉬 데이브레이크였다. 신앙은 그의 생명줄이자 요동하는 세상의 유일한 부동점이었으며, 교회는 아무리 결점이 많아도 여전히 소망과 위로를 주는 피난처였다. 데이브레이크 공동체에서 함께 생활했던 수 모스텔러 수녀는 "당신의 고통을 두려워하지 말라, 관계가 힘들 때는 사랑을 선택하라, 서로 하나 되기 위해 상처 입고 쓰라린 감정 사이를 거닐라, 마음으로부터 서로 용서하라"는 것이 헨리 나우웬의 유산이라고 요약했다. 그의 유산은 지금도 살아 있다.

1932년 네덜란드 네이께르끄에서 태어나 1957년에 사제 서품을 받았다. 1966년부터 노트르담 대학교와 예일 대학교, 하버드 대학교의 강단에 섰으며, 1986년부터 데이브레이크 공동체를 섬겼다. 《탕자의 귀향》《집으로 돌아가는 길》《제네시 일기》《데이브레이크로 가는 길》《두려움을 떠나 사랑의 집으로》《긍휼을 구하는 기도》《나이 든다는 것》 등 그의 책 대부분이 국내에 번역, 소개되었다.

양혜원

서울대학교 불어불문학과를 졸업하고 이화여자대학교 대학원에서 여성학을, 미국 클레어몬트 대학원대학교에서 종교학을 공부했다. 옮긴 책으로 《목회자의 영성》《목회자의 소명》《물총새에 불이 붙듯》 등 유진 피터슨의 주요 저작을 비롯해 《마침내 드러난 하나님 나라》《나는 왜 그리스도인인가》 외 다수가, 지은 책으로 《교회 언니, 여성을 말하다》《박완서 마흔에 시작한 글쓰기》 등이 있다.

두려움을 떠나 사랑의 집으로

●일러두기
본문에 인용된 성경은 대한성서공회에서 펴낸 새번역판을 따랐습니다.

LIFESIGNS
Copyright © 1986 by Henri J. M. Nouwen
Korean translation copyright © 2013 by Poiema, an Imprint of Gimm-Young Publishers, Inc.
All rights reserved.

This translation published by arrangement with Doubleday Religion, an imprint of The Crown Publishing Group, a division of Random House, Inc. through EYA(Eric Yang Agency).

"친밀함, 풍성함, 그리고 희열"
정처 없는 인생을 위해 하나님이 주신 가장 소중한 선물

두려움을 떠나 사랑의 집으로

헨리 나우웬 | 양혜원 옮김

포이에마

두려움을 떠나 사랑의 집으로

헨리 나우웬 지음 | 양혜원 옮김

1판 1쇄 발행 2013. 3. 20. | **1판 3쇄 발행** 2023. 2. 27. | **발행처** 포이에마 | **발행인** 고세규 | **등록번호** 제300-2006-190호 | **등록일자** 2006. 10. 16. | 서울특별시 종로구 북촌로 63-3 우편번호 03052 | 마케팅부 02)3668-3260, 편집부 02)730-8648, 팩스 02)745-4827

이 책의 한국어판 저작권은 에릭양 에이전시를 통해 The Crown Publishing Group과 독점 계약한 포이에마가 소유합니다. 저작권법에 의하여 한국 내에서 보호를 받는 저작물이므로 무단 전재와 복제를 금합니다.

값은 뒤표지에 있습니다. ISBN 978-89-97760-36-7 03230 | 이메일 masterpiece@poiema.co.kr | 좋은 독자가 좋은 책을 만듭니다. | 포이에마는 독자 여러분의 의견에 항상 귀를 기울이고 있습니다.

폴린 바니에Pauline Vanier 부인에게

감사의 글

이 책은 혼자서 쓴 책이 아닙니다. 많은 사람들이 지지와 격려를 해주었고 도와주었습니다. 이 자리를 빌려 그분들 모두에게 진심으로 감사를 드리고 싶습니다.

먼저 장 바니에Jean Vanier에게 감사를 드립니다. 그는 이 책의 중심 주제들을 제시해주었고, 라르쉬를 소개해주었으며, 나의 글쓰기를 격려해주었습니다. 그의 영감, 우정, 너그러운 지지에 깊이 감사를 드립니다.

이 책의 대부분은 트로슬리-브뢰유Trosly-Breuil라고 하는 프랑스의 작은 마을에 있는 라르쉬 공동체에 머무는 동안 썼습니다. 그곳에서 나는 글을 쓰는 데에 필요한 시간과 공간뿐만 아니라 영적인 삶에 대해서 글을 쓰는 데에 필요한 기도와 돌봄의 환경도 얻었습니다. '하나님과 함께 시간을 낭비하고 하나님의 가난한 백성과 함께 시간을 낭비하는 것'은 영적인 글쓰기에 꼭 필요한 일이라고 끊임없이 상기시켜준 바바라 스웨인캠프Barbara Swanekamp와 '작은 자들' 가운데 계시는 하나님의 신비로운 현존을 여러 방면으로 볼 수 있게 도와준 시몬 랑드리엥Simone Landrien에게 특별히 감사드립니다. 그들의 우정과 내 작업에 대한 개인적인 관심은 내게 매우 중요한 영감의 근원이었습니다.

이 책의 원고는 여러 단계를 거쳤습니다. 능률적이고도 세심하게 비서의 일을 해준 마거릿 스터디어Margaret Studier와 제리 버크 라이트Gerri Burke Wright 덕분에 그 단계들을 매끄럽게 거치면서 일련의 짧은 생각들이 하나의 책으로 거듭날 수 있었습니다. 두 분 모두에게 감사를 드립니다.

이전에 나온 저의 출판물에서처럼, 이 책 역시 필립 지더Philip

Zaeder가 큰 도움을 주었습니다. 그의 다양한 문학적 제안에 깊이 감사를 드립니다. 또한 담당 편집자인 로버트 헬러Robert Heller도 책 작업에 매우 소중한 도움을 주었습니다.

마지막으로, 그리고 무엇보다도, 나의 친구이자 동료인 피터 바이스켈Peter Weiskel에게 감사를 드립니다. 그는 출판을 위해 필요한 대부분의 준비를 해주었습니다. 내가 트로슬리에서 글을 쓰는 동안 피터는 케임브리지에서 필요한 일들을 처리했습니다. 타이핑 일정을 관리하고, 대부분의 편집을 맡아 하고, 아무것도 빠뜨리지 않도록 일일이 챙겼습니다. 그의 능숙한 일솜씨와 인내와 끈기가 없었더라면 이 책은 완성되지 못했을 것입니다.

이 책을 장 바니에의 어머니인 폴린 바니에 부인에게 헌정합니다. 그분의 자비로운 환대, 장애인들과 그들을 돕는 이에 대한 애정, 세계 문제에 대한 지대한 관심, 사랑의 하나님에 대한 굳건한 믿음, 그리고 내게 베풀어준 우정과 지지는 이 책에서 설명하는 생명의 징후를 매우 구체적으로 내게 보여주었습니다.

헨리 나우웬

프롤로그

두려움의 집에서 사랑의 집으로

우리는 두려움이 많은 사람들입니다. 사람을 많이 만나면 만날수록, 그리고 사람을 더 알면 알수록, 두려움이라고 하는 부정적인 힘에 나는 압도당합니다. 두려움이 우리 존재의 구석구석을 침범해버려서 두려움 없는 삶이 어떤 것인지 더 이상 알 수 없는 지경에 도달한 것은 아닌가 하는 생각이 들 때가 많습니다. 두려움은 도처에 깔려 있습니다. 우리 안에 혹은 우리 주변에, 가까이에 혹은 멀리에, 보이는 것에 혹은 보이지 않는 것에, 우리 자신과 다른 사람들, 그리고 하나님을 향한 두려움이 늘 있습니다. 완전히 두려움에서 벗어날 수 있는 순간은 없습니다. 생각하거나 말하거나 행동하거나 반응할 때, 두려움이 늘 따라옵니다. 결코 떨칠 수 없는, 편재한 힘이라고나

할까요. 종종 두려움은 우리 마음을 깊이 뚫고 들어와 우리도 알지 못하는 사이에 우리의 선택과 결정을 통제합니다.

　다양한 방식으로, 그러나 때로는 아주 미묘하게, 두려움은 우리를 괴롭히고 통제합니다. 두려움 때문에 우리는 언짢아하고 화를 내기도 합니다. 우울증에 빠지기도 하고, 절망하기도 합니다. 어두운 기운에 빠져 파멸과 죽음을 느끼기도 합니다. 때로는 두려움을 견딜 수가 없어서 거기서 벗어나기 위해서라면 무엇이든 하겠다는, 심지어 자살을 할 수도 있다는 심정이 되기도 합니다. 두려움은 우리를 잡아서 강제로 자기 집에서 살게 하는 잔인한 폭군 같기도 합니다. 사실 대부분의 사람들은 두려움이라는 집에 머뭅니다. 두려움은 우리의 당연한 거주지가 되었고, 두려움을 기초로 어떤 결정을 내리고 인생을 계획하기도 합니다.

　왜 우리는 그토록 두려워할까요? 두려워하지 않는 사람을 찾기가 왜 이리도 힘들까요? 두려움이 누군가에게 유익하지 않았어도 이처럼 두려움이 만연할까요? 우리를 사로잡는 두려움을 인식한 이후로 나는 계속해서 이 질문을 던졌습니다.

그렇게 깨닫게 된 것은, 내가 두려워하는 사람은 나를 지배하는 힘이 크다는 단순한 사실이었습니다. 나를 두렵게 할 수 있는 사람은 또한 자신이 원하는 일을 내게 시킬 수도 있었습니다. 사람들은 여러 가지 이유에서 두려워하지만, 권력과 두려움의 밀접한 관계에 특별히 주목할 필요가 있다고 나는 확신합니다. 두려움을 주입하고 계속해서 두려워하게 만들 수 있는 사람은 많은 권력을 휘두를 수 있습니다. 두려워하는 아이들, 두려워하는 학생들, 두려워하는 환자들, 두려워하는 고용인들, 두려워하는 부모들, 두려워하는 사역자들, 그리고 두려워하는 신자들이 참으로 많습니다. 두려워하는 사람들 뒤에는 거의 항상 위협적인 인물이 서서 그들을 통제합니다. 아버지, 선생님, 의사, 상사, 주교, 교회 혹은 하나님까지… 두려움은 우리를 통제하고자 하는 사람들이 손에 쥘 수 있는 가장 효과적인 무기입니다. 두려움에 빠져 있는 한 우리는 노예처럼 행동하고, 말하고, 심지어 생각할 수 있습니다.

  이 세상의 의제들, 신문과 뉴스를 장식하는 온갖 일들은, 두려움 그리고 권력과 관계된 의제들입니다. 그 의제가 얼마나 쉽게 우리의 의제가 되는지, 참으로 놀랍고, 실로 두렵습니다. 우리가 생각하고, 걱정하고, 숙고하고, 대면할 준비를 하고, 시간과 정성을 쏟는 사건과 사람은, 자신이 정한 두려운 질문들을 받아들이라고 우리를 유혹하는 이 세상에 의해 대부분 결정됩니다. 우리가 제기하는 많은 '만약'이라는 질문들을 생각해보십시오.

  배우자, 집, 직장, 친구, 후원자를 찾지 못하면 어떻게 하지?
  해고당하거나, 병이 들거나, 사고가 나거나, 친구를 잃거나,
  결혼 생활에 실패하거나, 전쟁이 나면 어떻게 하지?
  내일 날씨가 나쁘거나, 버스가 파업을 하거나,

프롤로그

지진이 일어나면 어떻게 하지?

누가 내 돈을 훔쳐 가거나, 집에 도둑이 들거나,

누가 내 딸을 강간하거나, 나를 죽이면 어떻게 하지?

그리고 수많은 '어떻게'의 질문들도 생각해보십시오.

이렇게 험한 세상에서 어떻게 자녀를 양육하지?

어떻게 갈등, 전쟁, 핵 대참사를 막지?

어떻게 러시아가 우리 나라에 깊숙이 개입하는 것을 막지?

어떻게 내 스스로의 힘으로 성공할 수 있지?

어떻게 이웃들 사이에서 좋은 평판을 유지할 수 있지?

어떻게 천국에 갈 수 있지?

이러한 불안함을 표출하는 질문들의 거대한 연결망이 우리를 감싸고, 날마다 우리가 내리는 대부분의 결정에 영향을 미칩니다. 우리 마음을 구속하는 이 두려운 질문들을 자꾸 상기시키는 사람들이 우리를 진정 지배하는 사람들일 것입니다. 왜냐하면, 이 질문들 이면에는 자신의 지시를 따르지 않으면 우리가 가장 두려워하는 대로 될 것이라는 위협이 있기 때문입니다. 일단 이 질문들을 우리의 질문으로 받아들이면, 그리고 그 질문에 반드시 답을 찾아야 한다고 확신하게 되면, 두려움의 집에 더 많이 머물게 됩니다. 우리의 교육, 정치, 종교, 심지어 사회생활까지, 이 두려움에서 비롯되는 질문에 의해 움직이는지를 생각해보면, 사람들이 왜 사랑의 메시지를 쉽게 받아들이지 못하는지 이해할 수 있습니다.

두려움에 찬 질문은 결코 사랑에 찬 답으로 이끌지 못합니다. 모든 두려운 질문 이면에는 또 다른 두려운 질문들이 잔뜩 깔려 있습니다. 일단 자식을 낳아 대학 교육까지는 시켜야 한다고 생각하면, 내 직업, 내가 사는 장소, 내가 사귀는 친구 등에 대해 새롭고도 불안한 여러 질문들을 던지게 됩니다. 러시아가 국가 안보의 주요 위협이라고 일단 확신하면 군사, 경제, 외교 문제에 대해 새롭고도 두려운 질문들이 마구 떠오릅니다. 나의 잘못된 행실 때문에 하나님이 나를 잡으러 오실 것이라고 일단 믿게 되면, 복잡한 도덕적 책략이 내 생각 속에 자리 잡습니다. 영향력 있는 친구들이 없으면 행복할 수 없다고 결론을 내리면, 매우 불안한 사회생활을 할 수밖에 없습니다. 이처럼 두려움이 두려움을 낳습니다. 두려움은 결코 사랑을 낳지 못합니다.

이것이 사실이라면, 우리가 어떤 질문을 제기하느냐는 우리의 질문에 대한 대답만큼이나 중요합니다. 어떤 질문들이 우리 인생의 지침이 됩니까? 어떤 질문을 우리 자신의 질문으로 가져올 수 있습니까? 어떤 질문들이 우리의 전적인 관심과 온전한 헌신을 받을 가치가 있습니까? 올바른 질문을 찾는 것은 올바른 답을 찾는 것만큼이나 중요합니다.

복음서를 가만히 살펴보면 예수님은 자신에게 던져진 질문을 그대로 받아들이신 경우가 거의 없습니다. 예수님은 그 질문들이 두려움에서 비롯된 것임을 밝히셨습니다.

천국에서 누가 가장 큽니까?

형제가 내게 잘못하면 몇 번이나 용서해야 합니까?

아내와 이혼하는 것은 상황과 이유와 상관없이 무조건 율법에 어긋나는 일입니까?

당신은 무슨 권위로 이런 행동을 합니까?

부활의 때에 이 여자는 결혼했던 일곱 남자들 중에 누구의 아내가 됩니까?

당신이 유대인의 왕입니까?

주님, 때가 왔습니까?

이스라엘 왕국을 회복하실 것입니까?

이러한 모든 질문에 대해서 예수님은 직접적인 답을 하지 않으셨습니다. 예수님은 이 질문들을 잘못된 걱정에서 비롯된 것으로 보시고 한편으로 밀어놓으셨습니다. 이 질문들은 명망, 영향력, 권력, 통제를 염두에 둔 질문들이었습니다. 하나님의 집에 속하는 질문들이 아니었습니다. 그래서 예수님은 늘 대답 대신 질문을 새롭게 바꾸셨고, 그렇게 했을 때에야 비로소 예수님이 대답할 만한 가치가 있는 질문이 되었습니다.

우리는 예수님을 따른다고 생각하지만, 이 세상이 우리 앞에 제시하는 두려운 질문들의 유혹을 받을 때가 종종 있습니다. 그래서 자신도 모르는 사이에 생존의 문제에 사로잡혀 불안해하고, 긴장하고, 걱정합니다. 우리 자신의 생존뿐만 아니라, 가족과 친구, 동료와 교회, 나라와 이 세상의 생존을 걱정합니다. 일단 이 두려운 생존의 문제가 우리 인생을 이끄는 질문이 되면, 사랑의 집에서 나오는 말은 비현실적이거나, 낭만적이거나, 감상적이거나, 그저 경건하거나, 쓸모없는 것으로 간주하게 됩니다. 두려움의 대안으로 사랑이 제시되면 우리는 이렇게 말합니다. "그래요, 맞아요, 좋은 말이에요. 하지만…."

그 '하지만'이 우리가 얼마나 이 세상에 사로잡혀 사는지를 보여줍니다. 그리스도인들은 순진하다고 하면서 '현실적인' 문제를 제기하는 그 세상 말입니다. "맞아요, 하지만 늙어서 아무도 도와줄 사람이 없으면 어떻게 하지요? 직장을 잃고 자신이나 가족을 돌볼 돈이 없으면 어떻게 하지요? 이 나라에 난민 수백만 명이 와서 우리가 오랫동안 살아온 방식에 혼란을 가져오면 어떻게 하지요? 중미 지역에 쿠바와 러시아가 세력을 얻어서 우리 코앞에서 미사일을 만들기 시작하면 어떻게 하지요?"

이러한 '현실적인' 문제들을 제기하는 것은 다음과 같은 냉소적인 정신을 반영하는 것입니다. "평화, 용서, 화해, 그리고 새로운 생명에 대한 말들은 참 좋지만 현실적인 문제를 무시할 수는 없다. 남들이 우리를 얕보지 못하게 해야 하고, 불쾌한 일을 당하면 복수해야 하고, 언제든 전쟁에 대비해야 하고, 우리가 그토록 애써서 일구어 놓은 이 좋은 삶을 그 누구도 가져가지 못하게 막아내는 것이 현실이다."

그러나 소위 이러한 '현실적인 문제들'이 우리의 삶을 지배하기 시작하는 순간, 우리는 다시 두려움의 집으로 들어가게 됩니다. 사랑의 언어는 계속 빌려 쓰면서도, 그리고 사랑의 집에서 살고 싶은 막연한 욕망을 계속 경험하면서도 말입니다.

이 책은 사랑이 두려움보다 강하다는 확신에 기초해서 썼습니다. 비록 그 반대처럼 보이는 경우가 많더라도 말이지요. "완전한 사랑은 두려움을 내쫓습니다"(요일 4:18)라고 사도 요한은 자신의 첫 편지에서 말했습니다. 이 책을 통해 완전한 사랑의 표지를 탐색하기를 바라고, 그 표지를 따라갈 방도를 찾기를 바랍니다. 나는 영적 운동의 가능성을 보여주고 싶습니다. 두려움의 집에서 나와 사랑의 집으로 들어가는 그 변화 말입니다.

하지만 두려움을 부추기는 이 세상에서 사랑의 집에 거하며 사랑의 주님께서 제기하시는 질문을 듣는 것이 가능할까요? 혹 두려움 가운데 사는 것에 너무도 익숙해진 나머지 "두려워하지 마라"라는 음성을 더 이상 듣지 못하는 것은 아닌지 모르겠습니다. 이 확신에 찬 음성, "두려워하지 마라, 두려워하지 마라"라고 반복하는 그 음성은 우리가 반드시 들어야 하는 음성입니다. 사가랴는, 주의 천사 가브리엘이 성전으로 찾아와서 아내 엘리사벳이 아들을 가질 것이라고 전했을 때 그 음성을 들었습니다. 마리아는, 천사 가브리엘이 나사렛에 있는 자신의 집으로 들어와, 이제 아이를 가질 것인데 그 이름을 예수라 하라고 전했을 때 그 음성을 들었습니다. 예수님의 무덤에서 돌이 치워져 있는 것을 보았던 여인들도 그 음성을 들었습니다. "두려워하지 마라, 두려워하지 마라, 두려워하지 마라."

천사의 것이건 성인의 것이건, 이 음성은 역사 속에 울려 퍼지는 하나님의 사자의 음성입니다. 완전히 새로운 존재 방식, 즉 사랑의 집에 거하는 존재, 주의 집에 거하는 존재를 선언하는 목소리입니다.

왜 더 이상 두려워하지 않아도 됩니까? 바다 위를 걸으시는 예수님을 보고 두려워하는 제자들에게 다가가시면서 예수님은 이 질문에 간결하게 대답하셨습니다. "나다. 두려워하지 말아라"(요 6:20).

사랑의 집은 그리스도의 집입니다. 우리가 두려움 가득한 이 세상의 방식으로가 아니라 하나님의 방식으로 생각하고, 말하고, 행동할 수 있는 곳입니다. 이 집에서는 사랑의 음성이 계속 들립니다. "두려워하지 마라. … 와서 나를 따르라. … 내가 사는 곳을 보라. … 가서 복음을 전해라. … 하나님의 나라가 가까이 왔다. … 내 아버지의 집에는 거할 곳이 많다. … 와서 이 세상의 기초가 놓이던 때부터 너희를 위해 준비된 나라를 유산으로 받아라."

사랑의 집은 단순히 내세의 장소가 아닙니다. 이 세상 너머에 있는 천국의 장소가 아닙니다. 예수님은 이 불안한 세상 한가운데에서 우리에게 그 집을 주십니다.

그렇다면 이 사랑의 집을 확인할 수 있는 징후들은 무엇입니까? 서서히 두려움을 극복하고 오직 사랑이 우리를 인도하게 할 방도가 있습니까? 이어지는 장에서 나는 세 개의 단어로 이 질문들에 답을 하려고 합니다. 바로, 친밀함intimacy, 풍성함fecundity, 그리고 희열 ecstasy입니다. 이 세 단어는, 정신지체 장애인들을 위한 전 세계적 공동체 네트워크인 라르쉬(l'Arche, 프랑스어로 '방주'라는 뜻)의 창시자인 장 바니에가 처음 내게 제시한 단어입니다.

장 바니에를 한 번도 만난 적은 없었지만, 서로 아는 친구들을 통해서 우리는 연락을 주고받았습니다. 하루는 장이 내게 전화를 해서, "라르쉬 공동체 동역자들 몇 명과 짧은 오순절 피정을 하려고 합니다. 함께하시겠습니까?" 하고 물었습니다. 그러면서 웃으면서 덧붙였지요. "한 마디도 하지 않으셔도 됩니다!"

나는 시카고로 가서 피정에 함께했습니다. 그때 장을 처음 만났는데도, 우리는 서로 거의 말을 하지 않았습니다. 하지만 침묵 가운데서 그는 내게 그 세 개의 단어를 제시했고, 그것을 중심으로 나는 이 책을 썼습니다. 그는 중요한 선언을 하려고 했다기보다는 그냥 지나가는 말로 그 단어들을 언급했습니다. 장은 이렇게 말했습니다. "정신지체 장애인들과 일하면서, 모든 인간은 그들의 상태가 어떠하건, 친밀함, 풍성함, 그리고 희열로 부름 받았다는 사실을 알게 되었답니다."

처음에는 그 개념들이 그저 외우기 쉬운, 듣기 좋은 말 이상으로 들리지 않았습니다. 그러나 나는 한참 후에, 예수님이 제자들에게 하신 고별사를 읽으면서 예수님 자신이 사랑의 집에서의 삶을 친밀함, 풍성함, 희열의 삶으로 묘사하고 있다는 사실을 깨달았습니다.

자신을 포도나무로, 제자들은 그 가지로 설명하시면서 예수님은 "내 안에 머물러 있어라. 그리하면 나도 너희 안에 머물러 있겠다"

라고 말씀하셨습니다(요 15:4). 이것은 친밀함으로의 초대입니다. 그다음에 예수님은, "사람이 내 안에 머물러 있고, 내가 그 안에 머물러 있으면, 그는 많은 열매를 맺는다"라고 말씀하셨습니다(요 15:5). 이것은 풍성함으로의 부름입니다. 마지막으로 예수님은 "내가 너희에게 이러한 말을 한 것은, 내 기쁨이 너희 안에 있게 하고, 또 너희의 기쁨이 넘치게 하려는 것이다"라고 말씀하시면서 희열을 약속하셨습니다(요 15:11). 요한복음을 읽고 숙고하면 할수록 이 세 주제의 중요성이 더 많이 부각되었습니다. 장 바니에가 일깨워준 그 단어들이 요한복음 전체를 엮는 황금 실이었음을 깨닫게 된 것입니다.

장 바니에와 처음 했던 그 짧은 대화 이후로 많은 일이 있었습니다. 우리 사이에 진정한 우정이 생겼고, 라르쉬는 내 인생에 매우 중요한 일부가 되었습니다. 프랑스의 트로슬리-브뢰유에 있는, 장 바니에가 사는 라르쉬 공동체를 몇 차례 방문한 후 나는 그곳에서 1년

동안 머물 수 있도록 초대를 받았습니다. 1985년 8월부터 그곳에 체류한 덕분에 나는 이 책을 쓸 수 있었고, 따라서 라르쉬는 영적인 생활에 대한 이러한 생각들의 중요한 영감의 원천이고, 내 이야기와 예화와 설명의 중요한 출처입니다.

친밀함, 풍성함 그리고 희열에 대해서 쓴 이 책이, 사랑의 집에서의 삶이 어떠한지를 보여줄 수 있기를 바라고, 그렇게 살고자 하는 마음을 불러일으키기를 바랍니다.

두려움을 떠나
사랑의 집으로

감사의 글 6
친밀함 두려움의 집에서 사랑의 집으로 10

1
친밀함

도입 32 | 친밀함과 두려움 36 | 친밀함과 사랑 43 |
친밀함과 연대 54 | 결론 66

2
풍성함

도입 78 | 풍성함과 두려움 80 | 풍성함과 사랑 90 |
풍성함과 사명 103 | 결론 111

3
희열

도입 122 | **희열과 두려움** 128 | **희열과 사랑** 139 | **희열과 새로운 세계 질서** 151 | **결론** 165

에필로그 생명의 징후 176
부록 마지막 기도 184

도입

"내 안에 머물러 있어라. 그리하면 나도 너희 안에 머물러 있겠다"라는 예수님의 말씀은 우리가 진정 '집'이라고 부를 수 있는 친밀한 장소를 주신다는 뜻입니다. 집은 우리가 두려워하지 않아도 되는 곳, 방어막을 내려놓고 자유로울 수 있는 장소 혹은 공간입니다. 걱정과 긴장과 압력으로부터 자유로운 곳이지요. 집은 웃고 울고, 끌어안고 춤추고, 오래 자고 조용히 꿈꾸고, 먹고, 읽고, 놀고, 벽난로의 불을 지켜보고, 음악을 듣고, 친구와 함께 있을 수 있는 곳입니다. 집은 우리가 쉬고 치유받을 수 있는 곳입니다. '집'이라고 하는 단어는 다양한 느낌과 감정들을 끌어모아 하나의 이미지를 만들어 냅니다. 있으면 기분이 좋은 곳, 바로 사랑의 집입니다.

그러나 지금 이 세상의 수많은 사람들은 집이 없습니다. 어떤 사람들은 내면의 애통함 때문에 집이 없고, 어떤 사람들은 자신의 마을과 나라에서 쫓겨나 집이 없습니다. 감옥에서, 정신병원에서, 난민촌에서, 구석에 처박힌 도시의 허름한 아파트에서, 요양원과 쉼터에서, 우리는 집 없이 사는 이 시대 사람들의 모습을 봅니다.

머물 곳은 어디인가

그러나 집 없음의 상태는 그렇게 극적인 방식으로만 나타나는 것은 아닙니다. 대학에서 여러 나라, 여러 주에서 온 학생들을 가르치면서 그들이 참으로 외로워한다는 사실에 나는 무척 놀랐습니다. 가족과 친구들을 멀리 두고 떠나온 그들은 여러 해 동안 작은 방에서 낯선 사람들과 삽니다. 사생활은 거의 지켜지지 않고, 공동체성은 더더군다나 없습니다. 그들은 아이들이나 노인들과 거의 접촉이 없고, 따뜻한 이웃들 틈에서 살거나 그들을 지지해주는 신앙 공동체에 속해 있는 경우도 드뭅니다. 아무 때나 찾아가서 집처럼 편하게 지낼 수 있는 가정을 알고 있는 사람도 극소수입니다. 나는 이러한 수많은 청년들이 사는 방식을 이제서야 '정상적인 것'으로 여기게 되었습니다. 조금만 더 가까이에서 그들을 살펴보면 왜 그토록 많은 사람들이 단절된 느낌, 심지어는 길을 잃은 느낌을 가지는지 이해할 수 있을 것입니다.

우리 시대의 고통을 '집이 없다'라는 표현만큼 제대로 요약한 말은 아직까진 없는 것 같습니다. 이 말은 우리의 깊고도 고통스러운 상태 중 하나를 드러냅니다. 그것은 소속감이 없는 상태, 곧 안전함과 돌봄과 보호와 사랑을 느끼는 장소가 없는 상태입니다.

집의 가장 두드러지는 특성은 친밀함입니다. "여기는 집 같지 않아"라는 말은 친밀해질 수 없는 불편함을 드러냅니다. "집에 가고 싶어"라는 말은 소속감을 주는 친밀한 장소에 대한 갈망을 나타냅니다. 가정에서의 갈등 때문에 많은 사람들이 힘들어 하지만, 고통스러운 감정의 많은 부분이 가정에서 기인하기도 하지만, 그리고 범죄와 질병의 원인으로 갈수록 '깨어진 가정'을 탓하기도 하지만, '집'이라는 말은 여전히 따뜻한 사랑을 내포하고 행복을 떠올리게 하는 상징으로 자리 잡고 있습니다. 기독교 신앙은 우리에게 인생을 '집으로 가는 것'으로, 그리고 죽음은 '드디어 집에 도착한 것'으로 경험하라고까지 합니다. 렘브란트가 그린 〈탕자의 귀향〉이라는 그림에서 우리는 그와 같은 감동적인 신앙의 표현을 볼 수 있습니다. 나이 든 아버지가 지친 아들을 붙잡고 있는 그 사랑의 포옹은 사라지지 않을 친밀한 집에 대한 우리의 깊은 열망을 확인해줍니다.

  사랑의 집에서 사는 것의 첫 번째 측면으로, '친밀함'의 의미를 더 깊이 탐험하기 위해서 나는 먼저 어떻게 두려움이 친밀함의 발전을 막는지를 보여주려고 합니다. 그다음에는 친밀함과 사랑의 관계를 좀 더 자세히 살펴보겠습니다. 마지막으로 친밀함의 또 다른 측면으로서 연대에 대해서 이야기하겠습니다.

친밀함과 두려움

두려움은 친밀함의 엄청난 적입니다. 두려움은 우리가 서로에게서 도망가게 만들거나 아니면 서로에게 매달리게는 하지만, 진정한 친밀함을 만들어내지는 않습니다. 겟세마네 동산에서 예수님이 체포되셨을 때 제자들은 두려움에 압도되어 모두 예수를 버리고 달아났습니다(마 26:56). 그리고 예수님이 십자가에서 돌아가셨을 때 그들은 유대 사람들이 무서워서 문을 닫고 방 안에 같이 꼭 붙어 있었습니다(요 20:19). 두려움은 '안전한' 거리로 서로 멀어지게 하거나, '안전한' 가까움으로 서로 다가가게 하지만, 진정한 친밀함이 존재할 수 있는 공간을 만들어내지는 않습니다. 두려움은 집을 짓지 못합니다. 혼자 살게 하거나 보호받을 수 있는 피난처에서 살게 하지만, 친밀한 집을 짓게 하지는 않습니다. 두려움은 너무 멀리 혹은 너무 가까이 있게 만듭니다. 두 가지 모두 친밀함이 자라지 못하게 하는 요소들입니다.

멀리 혹은
가까이 있는 두려움

내가 두려워하는 사람들과 어떻게 지내는지만 봐도 알 수 있습니다. 나는 종종 그들을 피합니다. 그 집에서 나와 눈에 띄지 않는 구석에 숨거나, 단조롭고 애매하게 내 의사를 표현합니다. 때로는 가까움을 가장하기도 합니다. 너무 오래 그들과 이야기하거나, 그들의 농담에 너무 크게 웃거나, 그들의 견해에 너무 빨리 동의해버립니다. 너무 거리를 두건 너무 가까이 가건, 나는 언제나 내면의 자유가 부족함을 느끼고 그들이 내게 행사하는 권력에 저항감을 느낍니다.

두려움 때문에 거리를 두거나 가까이하는 예들은 삶의 더 큰 맥락에서 볼 때 더욱더 두드러집니다. 감옥과 정신병원과 난민촌들은 '정상적인' 사람들이 사는 곳에서 멀리 떨어진 장소에 짓는 경우가 많습니다. 두려움을 일으키는 이방인들과 안전한 거리를 두기 위해서입니다. 그 외에도 안전 거리를 유지해야 할 일은 많습니다. 토론하기 안전한 화제, 참여하기 안전한 이슈, 글쓰기 안전한 주제, 초대하기 안전한 사람…. 반면에 같은 파벌이나 교파 동아리 같은 데서는 안전한 가까움을 볼 수 있습니다. 그런 모임에서는 같은 대상을 존경하거나 외부인에 대해서는 공통의 의혹을 가지는 것으로 서로 뭉칩니다. 종말론적 두려움이 자리 잡은 오늘날에는, 자기 회원이 아닌 사람들은 쓸모없고, 위험하고, 악하다고 규정하는 그룹, 규칙을 따르는 사람들에게는 고유한 소속감을 주는 작은 그룹에 참여하고픈 유혹이 매우 큽니다.

  그러나 거리감을 통해서건 가까움을 통해서건 두려움은 각 사람이 자기 나름의 방식으로 함께 자랄 수 있는 친밀한 공동체를 만들지 못하게 합니다. 두려움이 우리를 분리시키거나 연결시키면 우리는 더 이상 서로에게 자신의 죄와 상함과 상처를 고백할 수 없습니다. 그러니 우리가 어떻게 서로를 용서하고 화해할 수 있겠습니까? 거리감은 상대방을 우리 삶에 아무런 의미도 없는 존재로 치부하면서 무시하게 하고, 가까움은 상처받은 자신의 감정을 결코 드러내거나 고백하지 않는 것에 대한 변명 거리가 됩니다.

정신적으로 신체적으로 장애가 있는 사람들과 20년이 넘게 살아온 장 바니에는 이와 같은 두려움의 역학을 관심 있게 관찰했습니다. 그는 장애가 심한 이 사람들이 마치 다른 세상에 사는 이방인들 같아 보인다는 사실을 알게 되었습니다. 이들의 기형적 상태는 이들을 가두는 철창이 되어 마치 죄수처럼, 스스로는 아무것도 할 수 없는 병든 사람들처럼, 사회에 아무런 기여를 할 수 없는 가난하고 무력한 걸인들처럼, 다른 세상에 속한 사람들 같아 보이게 했습니다. 스스로를 정상이라고 생각하는 사람들의 마음에 이들이 두려움을 일으키는 것을 그는 보았습니다. '일반적인 사람들', 자유로운 사람, 건강한 사람, 부자, 성공한 사람들의 마음에 말입니다. 무슨 수를 써서라도 피해야 하는 또 다른 실재를 그들이 우리에게 상기시켜준다는 사실을 그는 알게 되었습니다.

장 바니에는 장애가 있는 이 사람들이 '나머지 사람들'로 남아 있는 한, 그들은 냉랭한 시설 혹은 질식할 것 같은 과잉보호의 희생자가 된다는 사실을 깨달았습니다. 그는 그들이 외국인처럼 거절당하거나 개인 소유로 집착의 대상이 되는 것을 보았습니다. 그리고 어느 쪽으로든 그들에게 진정한 집은 없다는 사실을 알게 되었습니다. 자신의 다름 때문에 그들은 자신의 보조와 리듬과 종종 감춰진 은사에 따라서 자랄 수 있는 자유로운 공간을 박탈당했습니다.

1964년에 장 바니에는 두 명의 장애인, 라파엘과 필립에게 집을 마련해주기로 했습니다. 그 결정은 오랜 기다림의 시간이 필요했습니다. 장 바니에는 영국과 캐나다 해군에서 10년의 세월을 보낸 후 파리의 가톨릭 인스티튜트Catholic Institute에서 철학을 공부했고, 토론토에 있는 세인트 마이클스 칼리지St. Michael's College의 교수가 되었습니다. 하지만 그는 자신의 진정한 소명에 대해서 여전히 확신할 수 없었습니다. 어느 여름에 그는 파리에서 북쪽으로 한 시간 정도 떨어져 있는 트로슬리-브뢰유라고 하는 작은 마을을 방문했습니다. 장애인 남성들이 거주하는 곳에 담당 신부로 있던 토머스 필립 신부의 영적 지도하에 장 바니에는 가르치는 일을 그만두고, 가족도 친구도 없이 오랫동안 정신지체 장애인 수용소에서 살았던 라파엘과 필립과 함께 작은 집을 꾸리기로 했습니다. 그것은 돌이킬 수 없는 결정이었습니다. 그는 이 두 사람을 다시는 원래 있던 곳으로 돌려보낼 수 없다는 사실을 알았습니다.

그는 자신의 첫 집을 '라르쉬'라고 불렀습니다. 자신의 집이 노아의 방주처럼 두려워하는 사람들을 위한 피난처가 되기를 바란다는 의미가 담긴 이름이었습니다. 장은 어떤 운동을 시작한다거나 커다란 조직을 시작한다는 생각은 하지 않았습니다. 그는 그저 지속적인 도움 없이는 살아갈 수 없는 두 사람을 돌보기 시작했을 뿐입니다. 그런데 머지않아 여러 나라에서 사람들이 그를 도와주러, 그리고 새로운 집들을 시작하러 왔습니다. 이제는 캐나다, 호주, 미국, 아이티, 도미니카공화국, 온두라스, 멕시코, 영국, 아일랜드, 벨기에, 프랑스, 덴마크, 스페인, 스위스, 독일, 이탈리아, 코트디부아르, 부르키나파소 그리고 인도 등 세계 곳곳에 그와 같은 집들이 있습니다. 이 집들은 우리와는 다른 장애를 가진 사람들에게 친밀함의 장소를 마련해주기 위해서 생긴 곳입니다.

친밀한 장소를 마련하다

장 바니에는 그러한 친밀함의 장소에 대해서 말할 때 종종 팔을 뻗어 마치 손 안에 상처 입은 작은 새를 들고 있는 것처럼 두 손을 살짝 오므립니다. 그리고 이렇게 묻습니다. "내가 손을 활짝 펴면 어떻게 되겠습니까?" 그러면 우리는 대답합니다. "새가 날갯짓을 하려고 애쓰다가 떨어져서 죽을 겁니다." 그는 다시 묻습니다. "내가 손을 완전히 닫아버리면 어떻게 됩니까?" 우리는 대답합니다. "새가 눌려 죽을 겁니다." 그러면 그는 웃으면서 이렇게 말합니다. "친밀함의 장소는 이렇게 살짝 오므린 손과 같습니다. 완전히 벌려 있지도, 완전히 닫혀 있지도 않습니다. 성장은 그러한 공간에서 일어납니다."

그러한 장소를 마련하는 일은 어렵습니다. 우리가 두려워하기 때문에, 그래서 낯선 사람이 우리의 자리로 들어와서 우리의 두려움을 들춰내게 놔두는 것이 힘들기 때문입니다. 그러나 우리가 스스로에게 그리고 상대방에게, 우리도 상처 입었다고, 우리에게도 장애가 있고 성장할 자리가 필요하다고 고백한다면, 우리는 함께 집을 짓고 서로에게 친밀함의 장소를 마련해줄 수 있습니다.

친밀함과 사랑

　두려움이 친밀함의 엄청난 적이라면, 사랑은 친밀함의 진정한 친구입니다. 그러나 심리학이 지배하는 우리 사회에서 사랑과 친밀함이라는 단어가 너무 가볍게 사용되기 때문에, 그것의 영적인 의미를 회복하려면 특별한 주의가 필요합니다. 친밀한 사랑을 두려움과 같은 차원에 놓고 '너무 먼 것'과 '너무 가까운 것' 사이에 있는 것이라고 주장해도 그리 나쁘지 않을 것 같습니다. 그래서 친밀한 사랑은 냉랭한 거리와 질식할 것 같은 가까움이라는 극단을 피하고 중도를 택한다고 말입니다.

집으로
돌아가는 길

　인간의 상호 관계에 대한 오늘날의 많은 생각들이 바로 이러한 관점을 가지고 있습니다. 그것은 마치 이렇게 말하는 것 같습니다. "우리는 서로를 필요로 합니다. 하지만 자신의 독립성을 잃어버려서는 안 됩니다. 우리는 서로 가깝게 지낼 필요가 있지만, 자신의 개별성을 포기해서는 안 됩니다. 우리는 서로를 지지해야 하지만, 자기만의 공간도 필요합니다." 이 말이 사실이기는 하지만 이 말이 암시하는 것은, 좋은 상호적 인간관계에는 서로의 필요뿐만 아니라 권리도 규정하는 당사자들 간의 협상이 필요하다는 것입니다. 따라서 친밀한 사랑의 장소는 늘 두려움의 위협을 받습니다. 오른편에서 오는 것이든 왼편에서 오는 것이든 말입니다.

　그러나 친밀함은 두려움과 같은 차원에 있지 않습니다. 친밀함은 타협의 결과로 얻은 중도가 아닙니다. 친밀함에서는 먼 것과 가까운 것 사이의 긴장이 사라지고 새로운 지평선이 나타납니다. 친밀함은 두려움 너머의 것입니다. 예수님이 초청하시는 친밀함을 경험한 사람은 너무 가까워지거나 멀어지는 것에 대해서 더 이상 걱정할 필요가 없음을 압니다. 예수님은 "나다. 두려워하지 말아라"라고 말씀하심으로써 우리가 두려움 없이 자유롭게 다닐 수 있는 새로운 공간을 보여주셨습니다. 이 친밀함의 공간은 먼 것과 가까운 것 사이의 미세한 선이 아니라 마음껏 움직일 수 있는 넓은 밭입니다. 그곳에서는 가까운가, 먼가 하는 질문이 더 이상 우리의 지침이 되지 않습니다.

사도 요한이 완전한 사랑은 두려움을 몰아낸다고 말했을 때의 사랑이란, 하나님으로부터 오는 사랑, 신의 사랑을 가리키는 것이었습니다. 요한은 인간의 애정이나, 이 정도면 같이 지낼 만하다는 느낌이나, 상호적 이끌림이나, 서로 간의 깊은 감정에 대해서 말하지 않습니다. 그런 것도 다 나름의 가치가 있고 아름답지만, 사도 요한이 말하는 완전한 사랑은 모든 느낌과 감정과 열정을 포용하면서도 초월합니다. 모든 두려움을 내쫓는 완전한 사랑은 신의 사랑이며, 우리는 그 사랑에 동참하라는 초대를 받았습니다. 따라서 집은, 친밀함의 장소는, 진정한 소속의 장소는 인간의 손으로 만든 곳이 아닙니다. 그곳은 하나님이 우리를 위해서 지으신 장소입니다. 하나님은 우리 가운데 장막을 치기 위해서, 자신의 자리로 우리를 초대하기 위해서, 자신의 집에 우리를 위한 방을 마련하기 위해서 오셨습니다.

'집'을 일컫는 단어는 구약과 신약에 자주 나옵니다. 시편은 하나님의 집에 거하고픈 갈망, 하나님의 날개 아래로 피하고픈 갈망, 하나님의 성전에서 보호받고 싶은 갈망으로 가득합니다. 그들은 하나님의 거룩한 장소와 하나님의 아름다운 장막을 찬양하고, 견고한 피난처가 되시는 하나님을 찬양합니다. '하나님의 집에 거하는 것'이라는 표현 하나로, 이 모든 영감에 찬 기도에 나타난 열망을 감히 요약할 수 있습니다. 따라서 사도 요한이 예수님을 우리 가운데 장막을 치시는 하나님의 말씀으로 묘사한 사실은 매우 중요합니다(요 1:14). 요한은 예수님이 자신과 자신의 형제 안드레를 당신의 집으로 초대하셨다는 이야기와 더불어(요 1:38-39), 예수님 자신이 새로운 성전이며(요 2:19) 새로운 피난처라는 사실을(마 11:28) 서서히 드러내시는 모습을 우리에게 보여줍니다. 이것은 예수님의 고별사에서 가장 완전하게 표현되는데, 그때 예수님은 자신을 새로운 집으로 계시하십니다. "내 안에 머물러 있어라. 그리하면 나도 너희 안에 머물러 있겠다"(요 15:4).

하나님의 충만함이, 그 안에 거하시는 예수님이, 우리의 집이 되셨습니다. 예수님은 우리 안에 자신의 집을 짓고 거하심으로써 우리가 그분 안에 거할 수 있게 해주십니다. 예수님은 우리의 가장 내밀한 곳에 있는 친밀함의 장소로 들어오심으로써 자신과 하나님의 친밀함으로 우리가 들어갈 수 있는 기회를 주십니다. 예수님은 자신이 거할 장소로 우리를 택하심으로써 우리가 거할 장소로 예수님을 택하도록 초대하십니다. 이것이 바로 성육신의 신비입니다. 이 신비는 성만찬 때에 신부가 약간의 물을 포도주에 부으면서 "이 물을 포도주에 섞음으로써 스스로를 낮춰 우리와 같은 인간성을 가지신 그분의 신성에 우리가 동참하기를 바랍니다"라고 말하는 데서, 매우 아름답게 표현됩니다. 우리를 향한 하나님의 측량할 수 없는 사랑이 이 거룩한 교환을 통해 나타납니다. 집으로 가기를 원하는 우리의 깊디깊은 갈망을 채우기를 무척이나 원하셨던 하나님은 우리 안에 집을 짓기로 하셨습니다. 그래서 우리는 인간성을 버리지 않고도 하나님 안에 거할 수 있게 되었습니다. 이 새로운 집에서는 더 이상 멀고 가까움이 없습니다. 죽을 수밖에 없는 우리의 인간성을 입으심으로써, 가장 멀리 계셨던 하나님이 가장 가까이 오셨습니다. 하나님은 그렇게 '먼 것'과 '가까운 것'의 구분을 모두 넘어서시고 우리에게 친밀함을 주셨습니다. 우리가 가장 자기다울 수 있는 길은 그 친밀함을 통해 하나님을 닮아가는 것입니다.

　내면 혹은 외면의 두려움으로 고통받는 사람들, 자신의 마음이 그토록 갈망하는 친밀함을 누릴 사랑의 집을 절실하게 찾는 사람들에게 예수님은 말씀하십니다. "너희에게 집이 있다. … 내가 너희의 집이다. … 나를 너희의 집으로 주장해라. … 그곳이 바로 내가 집으로 삼은 친밀함의 장소임을 알게 될 것이다. … 그 집은 네가 있는 바로 그곳에 있다. … 너의 가장 내밀한 곳에 … 너의 마음에 있다."

이러한 말에 우리가 주의를 기울이면 기울일수록, 우리가 찾고자 하는 것을 찾기 위해 멀리 갈 필요가 없다는 사실을 더 깊이 깨닫게 됩니다. 비극은 우리가 두려움에 지나치게 사로잡힌 나머지 친밀함의 장소를 신뢰하지 않고 자신의 가장 내밀한 자아를 다른 곳에서 찾으려고 애타게 떠돌아다닌다는 사실입니다. 우리는 지식, 자신감, 평판, 성공, 친구, 감각, 쾌락, 꿈, 혹은 인위적 의식意識에서 그 친밀함의 장소를 찾으려고 합니다. 그래서 우리는 스스로에게도 낯선 사람이 되고, 주소지는 있지만 결코 집에는 있지 않은, 그래서 진정한 사랑의 음성을 듣지 못하는, 존재가 되고 맙니다.

여기에서 우리는 영적인 생활에서 훈련의 의미가 무엇인지를 봅니다. 그것은 바로 우리가 원래 속한 집으로 오는 점진적 과정이며 거기에서 우리의 주의를 끌고자 애쓰는 음성을 듣는 것입니다. 그것은 '먼저 하신 사랑'의 음성입니다. 사도 요한은 이렇게 썼습니다.

"우리가 사랑하는 것은 하나님이 우리를 먼저 사랑하셨기 때문입니다"(요일 4:19). 먼저 하신 사랑이 우리가 안전하게 거할 수 있는 친밀함의 장소를 마련해줍니다. 먼저 하신 사랑은 이렇게 말합니다. "네가 다른 사람들로부터 사랑받거나 그들을 사랑하기 훨씬 전부터 너는 사랑을 받았다. 네가 누구를 용납하거나 네 자신이 용납을 받아들이기 훨씬 전부터 너는 용납을 받았다. 네가 누군가를 안전하게 지켜주거나 누가 너를 안전하게 지켜주기 훨씬 전부터 너는 이미 안전하다."

집은 먼저 하신 사랑이 머물면서 우리에게 부드럽게 말을 거는 장소입니다. 집으로 와서 그 음성을 들으려면 훈련이 필요합니다. 특히 두려움이 시끄럽게 굴며 집으로 들어오지 못하게 할 때는 더욱더 훈련이 필요합니다. 그러나 이미 우리에게 집이 있다는 진리를 붙잡으면 두려움이 만들어낸 환영을 벗겨낼 힘이 드디어 생겨서 계속해서 다시 집으로 돌아올 수 있습니다.

그렇다면 회심은 곧 집으로 오는 것을 뜻하며, 기도는 하나님이 집을 지으신 그곳에서, 즉 친밀함이 오가는 우리의 마음에서 집을 추구하는 것입니다. 기도는 하나님 안에 우리의 집을 꾸리는 가장 구체적인 방법입니다.

상처로부터
자유하기

이것을 가장 아름답게 설명하고 성실하게 실천하는 곳은 바로 동방 정교회의 헤시카스트(14세기에 그리스 아토스 산의 수사들이 발전시킨 신비주의의 한 교파-옮긴이) 전통입니다. 그리스어 '헤시키아*besychia*'는 쉼을 뜻하며, 헤시카스트의 기도는 하나님 안에서 쉴 수 있게 해줍니다. 이것은 정신과 함께 마음으로 내려가는 것으로 설명이 되는데, 그곳에서 하나님의 현존 앞에 서는 것을 목적으로 합니다. 따라서 이 기도는 또한 마음의 기도라고도 불립니다. 이 기도에서 가장 많이 사용되는 것은 예수 기도입니다. "주 예수 그리스도여, 죄인인 나를 불쌍히 여기소서." 하지만 때로는 더 짧은 문장을 사용하기도 하고, 아니면 그냥 '예수'라는 이름만 사용하기도 합니다. 바실 페닝턴Basil Pennington이 소개한 향심 기도와 존 메인John Main이 설명한 마라나타 기도(오소서, 주 예수여)는 이러한 기도의 변형들입니다. 여기에서 헤시카스트의 전통을 언급하는 이유는, 예수님이 집을 지으신 우리 자신의 마음에서 집을 찾도록 도와주는 고유한 훈련이기 때문입니다. 이 마음의 기도를 날마다 실천한 사람들은 이것이 진정한 집으로 가는 단순하면서도 아름다운 길이라는 것을 경험했습니다. 이 기도는 두려움의 집에서 점차 벗어나 사랑의 집으로, 하나님의 집으로 더 가까이 가게 해줍니다.

따라서 기도는 마음으로 가는 내면 여행을 시작하게 해줍니다. 마음은 사랑의 대화가 끊이지 않는 친밀함의 집입니다. 기도는 "모든 것이 잘될 것이다, 그리고 모든 것이 잘될 것이다, 그리고 모든 일들이 잘될 것이다"(노리치의 줄리안)라는 사실을 알게 해줍니다.

장 바니에 그리고 그와 함께 사는 장애인들에게 모든 것이 잘되는 이 신성한 친밀함은 그들이 함께하는 생활의 기초입니다. 상처 입은 사람들이 함께 살려면 자신들이 추구하는 친밀함의 집을 서로가 마련해주길 기대하며 기대서는 결코 안 된다는 사실을 그들은 배웠습니다. 보이건 보이지 않건 우리의 상처는 너무도 깊어서, 두려움에서 완전히 벗어난 장소를 서로에게 마련해주지 못합니다. 우리는 종종 서로에게 초인적인 요구를 하고 그 요구가 받아들여지지 않으면 상처받고 거절당한 것처럼 느낍니다. 장애가 심한 사람들이 함께 사는 공동체에서는 그러한 일이 특히나 더 두드러집니다. 장애가 있는 사람들은 끊임없는 관심을 요구하지만 감사를 표시하거나 호의를 되돌려주지 못할 때가 많습니다. 좋은, 더 나은, 탁월한 상호 관계에 기초하는 것만으로는 지속적인 유대감을 가질 수 없습니다.

　상처 받은 인간의 마음에 있는 여러 장치와 열망들 바깥에 뿌리를 두어야 합니다. 함께함 이전에 존재했던, 그리고 그것 너머에 존재하는 유대감에 뿌리를 두어야 합니다. 진정으로 친밀한 유대감은 신성한 언약에 기초합니다. 이것은 하나님의 신실함의 언약으로서, 노아, 아브라함과 사라, 모세와 선지자들에게 하신 약속에서 나타났고, 예수님의 성육신에서 가장 완전하게 나타난 언약입니다.

　하나님만이 우리에게 두려움이 없는 자리를 주실 수 있을 만큼 상처로부터 자유로우십니다. 하나님 안에서 그리고 하나님을 통해서 우리는 서로에게, 친구와 배우자에게 그리고 공동체 안에서, 신실할 수 있습니다. 하나님과의 이 친밀한, 지속적인 기도에 의해 양육되는 유대감은 우리에게 진정한 집을 마련해줍니다. 그 집에서는, 서로에게 자신의 연약함을 계속해서 고백하고 언제나 서로를 용서하겠다는 마음 외에 크게 요구하는 것 없이 함께 살 수 있습니다. 장 바니에는 이 신성한 언약을 모든 형태의 인간적 신실함의 기초로 봅니다.

　우리와 함께 머물러 오신 그분으로부터 '머무는 능력'이 와야만 우리는 함께 있을 수 있습니다. 그 신성한 언약에 깊이 닻을 내리고 있다는 사실을 알 때에 비로소 우리는 같이 집을 지을 수 있습니다. 바로 그때 우리의 유한하고 깨어진 사랑이, 무한하고 깨어지지 않은 하나님의 사랑을 반영할 수 있습니다.

친밀함과 연대

우리가 일상에서 '친밀함'이라는 단어를 사용할 때는 그것을 사생활, 소규모, 안락함 그리고 어느 정도의 배타성과 연결시킵니다. 누가 어떤 대화나 파티에서 친밀함을 느꼈다고 하면 우리는 소수의 사람들, 작은 공간, 혹은 비밀스러운 주제를 떠올립니다. '친밀함'이라는 단어는 대체로 '공개적'이라는 말의 반대를 의미합니다.

그러나 우리의 영적 경험에 의하면 사실은 그렇지가 않습니다. 자기 마음 깊숙이 들어가서 친밀함의 집을 찾고 거기에서 자신의 주님을 만난 사람들은 연대가 친밀함의 또 다른 측면이라는 신비로운 발견을 합니다. 하나님의 집에서의 친밀함은 그 누구도 배제하지 않고 모두를 포함한다는 사실을 인식하지요. 자신의 가장 내밀한 곳에서 발견한 집이 실상은 온 인류만큼이나 넓다는 사실을 알게 됩니다.

하나님의 집에서는 더 이상 멀고 가까움이 구분되지 않는 것처럼, 친밀함과 연대도 구분되지 않습니다. 친밀함과 연대의 내적 연결성을 보는 것은 매우 중요합니다. 이 연결성을 보지 못하면 우리의 영성은 사적인 것이 되거나 협소한 활동이 되어 하나님의 집에서 사는 충만한 아름다움을 더 이상 반영하지 못합니다.

그리스도가 보여준 온전한 친밀함

친밀함과 연대의 상호 연결성을 볼 수 있는 가장 좋은 방법은 사도 요한의 말을 상기하고 그 안에 더 깊이 들어가는 것입니다. "그 말씀은 육신이 되어 우리 가운데 사셨다"(요 1:14, 영어 원문에서는 '우리 가운데 장막을 치셨다'는 해석을 택하고 있다―옮긴이). 이 말은 모든 것을 창조하신 하나님이 그 창조의 일부가 된 신비를 표현합니다. 우리가 죄 때문에 거절한 하나님이, 신의 생명에 우리를 참여시키려고 우리의 죄를 대신 지셨습니다. 그래서 예수 그리스도로 인해

온 인류가 모였고 하나님의 집으로 인도를 받았습니다. 예수 그리스도로 성육신하신 하나님을 통해서 모든 육체가 들림을 받아 하나님의 친밀함으로 들어가게 되었습니다. 과거, 현재, 미래의 그 누구도, 동, 서, 남, 북의 어떤 이도, 육신이 되신 말씀 안에서 그리고 그 말씀을 통해서 하나님이 품지 않으신 사람은 하나도 없습니다.

예수님의 삶과 죽음과 부활은 이 신성한 포옹의 온전한 친밀함을 우리에게 분명하게 보여줍니다. 예수님은 우리의 삶을 사셨고, 우리의 죽음을 죽으셨으며, 우리 모두를 자신의 영광 안으로 들어 올리셨습니다. 예수님은 십자가의 고통을 통해 인간이 겪는 고통을 다 겪으셨고, 새 생명으로의 부활을 통해 인간이 기뻐하는 모든 것을 축하하셨습니다. 예수님은 모든 인간의 죽음을 다 죽으셨고, 모든 인간의 삶 다 사셨습니다. 그분을 통해서 모든 것이 창조되었고, 그분 안에서 모든 것이 하나님의 영광을 위해 회복되었습니다.

성육신의 신비는 인간 연대의 영적인 측면을 우리에게 보여줍니다. 말씀의 성육신을 통해 온 인류가 하나님께로 이끌림을 받았기 때문에 하나님의 마음을 찾는 것은 곧 하나님의 모든 백성을 찾는 것을 의미합니다. 따라서 모든 사람을 한데 모으지 못하는 그리스도는 진정한 그리스도가 아닙니다. 그리스도께 속한 우리는 온 인류에

속해 있습니다. 그래서 예수님은 이 말로 제자들을 위해서 기도하셨습니다. "[아버지], 진리로 그들을 거룩하게 해주십시오. 아버지의 말씀은 진리입니다. 아버지께서 나를 세상에 보내신 것과 같이, 나도 그들을 세상으로 보냈습니다. 그리고 내가 그들을 위하여 나를 거룩하게 하는 것은, 그들도 진리로 거룩하게 하려는 것입니다"(요 17:17-19).

예수님이 인류를 자신의 것으로 받아들이셨기에 그 인류에 속한 우리의 형제자매들에게 보냄을 받지 않고서는 예수님과 친밀한 교제 가운데 살 수 없습니다. 따라서 친밀함은 연대로 나타나고 연대는 친밀함으로 나타납니다.

그리스도인들은 하나님이 모든 사람을 하나의 가족으로 모으셨다는 진리를 증언하도록 부름 받았습니다. 그런데도 사람들이 서로를 굉장히 두려워하는 모습을 우리는 어디에서나 볼 수 있습니다. 인종 사이에, 서로 다른 종교 사이에, 민족 사이에, 대륙 사이에 두려움이 있습니다. 부자와 가난한 사람 사이에, 남과 북 사이에, 동과 서 사이에 두려움이 있습니다. 두려움이 지배하는 곳에 분리가 자라고, 분리는 증오와 폭력과 파괴와 전쟁을 부릅니다. 이 세상에 대해서 신문과 라디오와 텔레비전이 말하는 것을 보면 '인간은 인간에게 *homo homini lupus*'라는 옛말을 확인하는 것 같습니다. 게다가 인간의 두뇌는 계속해서 뛰어난 파괴의 도구들을 발명해내니, 인류는 날마다 자기 소멸에 더 가까워집니다. 사람들은 연대가 아니라 분열이라는 방식으로 서로 관계를 맺습니다.

깨어지고 불안해하는 죄악의 마음은 인식할 수 없는, 연합이라는 진리를 들으려면 새 눈과 새 귀가 필요합니다. 완전한 사랑으로 가득한 마음만이 인류의 연합을 인식할 수 있습니다. 이것은 하나님이 주시는 인식입니다. 하나님은 자기 백성을 다 같은 사람들로 보시고, 같은 가족에 속한 그리고 같은 집에 사는 존재로 보십니다. 하나님은 이러한 인식을 우리와 공유하길 원하십니다. 사랑하는 유일한 아들을 우리에게 보내시고 우리 모두를 위해 살고 죽게 하신 것은, 우리의 눈을 여셔서 우리 모두가 하나님의 완전한 사랑 안에 있음을 보게 하시기 위함입니다.

하나님의 집에서 친밀함을 누리며 사는 가운데 우리가 서서히 알게 되는 신비로운 진리는, 완전한 사랑으로 우리를 사랑하시는 하나님은 그 사랑에 우리 모두를 포함시키면서도 각 개인을 고유하게 사랑하신다는 사실입니다.

하나님의 집에서
진리에 헌신하다

아마도 우리는 이것을 이해하기가 매우 힘들 것입니다. 경쟁적인 이 세상에서 우리는 '더' 혹은 '덜'이라는 관점에서 생각하는 데에 너무 익숙해 있어서, 하나님이 어떻게 모든 인간을 똑같이 무한한 사랑으로 사랑하시면서 동시에 각 사람을 매우 고유하게 사랑하실 수 있는지, 이해하기가 힘듭니다. 우리의 선택받음은 다른 사람의 거절당함이고, 우리의 고유함은 다른 사람의 평범함이라고 생각합니다. 하나님이 다른 사람들을 우리보다 덜 사랑하셔야 우리가 받는 사랑을 제대로 다 누릴 수 있다고 생각합니다.

그러나 영적인 생활은 경쟁이라는 구도에서 이루어지는 이러한 구분을 깹니다. 영적인 생활은, 모든 사람을 사랑으로 끌어안으시는 하나님이 우리의 머리카락까지도 다 세시는 분(마 10:30을 보십시오)이시라는 것을, 그리고 이례 없이 모든 사람을 돌보시는 그 하나님은 모든 개인을 이례적으로 사랑하시는 분이라는 것을 경험하게 해 줍니다.

우리의 기도가 깊어질수록 이러한 하나님의 사랑의 신비에 더 가까이 가게 됩니다. 그리고 그 신비에 더 가까이 갈수록 일상생활에서 그것을 더 잘 실천하게 됩니다. 다른 사람들의 재능 앞에서 주눅 들지 않고 그것을 인정할 수 있게 해주고, 우리 자신의 고유함을 잃지 않고도 그들의 고유함을 높이 살 수 있게 해줍니다. 인간의 다양한 존재 방식을, 하나님의 보편적 사랑의 표시로서 축하할 수 있게 해줍니다.

하나님의 집에 들어서면, 사람은 인정받고 사랑받을 권리를 위해 싸워야만 한다는 거짓된 가정에서 인류의 분열과 고통이 비롯됨을 깨닫습니다. 하나님의 사랑의 집에서는 새로운 눈으로 보고 새로운 귀로 듣게 됩니다. 그래서 인종, 종교, 성별, 재산, 지성, 배경이 어떠하건 모든 사람이 같은 집에 속했음을 깨닫게 됩니다. 하나님의 집에는 분리하는 벽이나 닫힌 문이 없습니다. 예수님은 "나는 그 문이다"라고 말씀하셨습니다. "누구든지 나를 통하여 들어오면 구원을 얻을 것이다"(요 10:9, 영어 원문에서는 '안전할 것이다'로 해석하고 있다—옮긴이). 사랑의 집으로 더 온전히 들어갈수록 모든 인류가 거기에 우리와 함께 있음을, 그리스도 안에서 또한 그리스도를 통해서 우리는 형제자매이며 한 가족임을, 더 분명하게 보게 됩니다.

하나님의 집에서 우리는 진리에 헌신합니다. 즉, 하나님과 하나님의 백성의 정혼betrothal에 참여합니다. 고어로 진리라는 뜻의 'troth' 가 포함되어 있는 'betrothal'이라는 단어는 진리의 인격적 측면을 아름답게 표현한 단어입니다. 우리는 진실로 함께 하나님께 속한 사람들입니다. 이것이 바로 연대의 영적 기초입니다.

여기에서도 우리는 모든 기독교적 행동의 근거를 찾을 수 있습니다. 기도가 하나님과 하나님의 백성의 집으로 우리를 이끄는 것처럼, 행동은 우리를 다시 세상으로 이끌어 그곳에서 화해와 연합과 평화를 위해 일하게 합니다. 일단 진리를 알고 나면 우리는 진실하게 행동하기를 원하고 본질을 드러내고 싶어 합니다. 병든 사람을 방문하건, 배고픈 사람을 먹이건, 벌거벗은 사람을 입히건, 더 정의롭고 평화로운 사회를 위해서 일하건, 모든 기독교적 행동은 하나님의 집에서 우리에게 계시된 인간적 연대의 표명입니다.

이것은 더 나은 세상을 만들기 위해 안달하는 인간의 노력이 아닙니다. 이것은 그리스도 안에서 죽음과 악과 파멸이 극복되었다는 진리를 확신 있게 표현하는 것입니다. 깨어진 질서를 회복하려는 두려운 시도가 아닙니다. 그리스도 안에서 모든 질서가 이미 회복되었음을 즐겁게 주장하는 것입니다. 분열된 사람을 화해시키려는 불안한 노력이 아니라, 이미 세워진 연합을 축하하는 것입니다. 따라서 행동은 행동주의가 아닙니다. 행동주의자는 치유하고, 회복하고, 속량하고, 재창조하기를 원하지만, 하나님의 집에서 행동하는 사람들은 자신의 행동을 통해서 치유하시고, 회복하시고, 속량하시고, 재창조하시는 하나님의 현존을 가리킵니다.

장 바니에는 이 점을 매우 잘 이해했습니다. 장애인들이 사는 여러 채의 자그마한 집들을 보면, 장과 그의 동역자들이 시간과 에너지를 더 효율적으로 쓰는 방법은 없을까 생각하게 됩니다. 세상의 많은 일들이 자기를 봐달라고 아우성치는데, 수많은 유능하고 똑똑한 남자와 여자들이 상한 사람들을 먹이고, 걷게 도와주고, 그냥 그들과 함께 있고, 사랑의 말로 소박하게 위로하고, 부드럽게 어루만지고, 격려의 웃음을 짓는 데에 많은 시간을 보냅니다.

효율성과 통제를 지향하는 우리 사회에서 성공하고자 하는 사람들에게 이런 일은 시간 낭비처럼 보일 것입니다. 그들이 하는 일은 매우 비효율적이고 성공적이지 못하며 심지어 쓸모없기까지 합니다. 그러나 장 바니에는 가난한 사람들을 위해서 하는 이 쓸모없어 보이는 일을 통해서 모든 사람을 향한 하나님의 완전한 사랑이라는 진리가 드러날 것이라고 믿습니다.

가장 약한 자와의 연대

그런데 이처럼 고귀한 생각은 더할 나위 없이 현실적으로 실천됩니다. 라르쉬에 있을 때 나는 친구 브래드의 생일파티에 초대를 받았습니다. 프랑스에 있는 라르쉬의 집 중 하나인 라 프로메스La Promesse에서 일하는 친구였지요. 그곳에 사는 14명의 장애인들은 다 그 지역 출신이었지만, 날마다 그들과 함께 살면서 일하는 도우미들은 여섯 개의 나라에서 온 사람들이었습니다. 많은 이들이 대학을 졸업했고, 모두가 젊은이들이었습니다. 또 어떤 사람들은 프랑스어가 서툴렀습니다.

내 친구 브래드는 미국 사람이었기 때문에 같은 집에 사는 친구들은 그에게 미국식 식사를 차려주기로 했습니다. 그래서 우리는 햄버거에 케첩과 포테이토칩, 펩시콜라와 밀크셰이크를 준비했지요. 우리는 종이 접시, 종이 냅킨, 플라스틱 컵, 플라스틱 빨대로 먹고 마셨습니다. 사실 나는 미국에서 18년을 살았어도 그렇게 먹은 적이 한 번도 없었는데, 외국인들이 미국 사람을 어떻게 인식하는지를 알 수 있는 좋은 기회였습니다.

30명이 모였는데, 모두가 한 가지씩은 기여를 했습니다. 선물, 노래, 연설, 그림, 꽃, 촌극 등으로 말이지요. 웃기는 행동도 많이 했습니다. 자칭 웨이터들은 처음 음식을 나를 때 종이 접시를 머리에 올려서 열을 지어 입장했고, 케이크가 없어서 햄버거에 초를 꽂았고, 플라스틱 병은 가짜 마이크 역할을 했으며, 엘비스 프레슬리 풍으로 기타를 쳤고, 피리 연주는 곡조가 있기도 하고 없기도 했습니다. 초를 켜고 영가를 부르고, 복음서를 읽고, 기도서에 매이지 않고 자유롭게 간구의 기도를 드리고, 트라피스트 수도원의 살베 레지나 (Salve Regina, 이 호칭으로 시작되는 성모 마리아께 드리는 찬송가 형태의 기도. '경하합니다, 마리아여'라는 뜻—옮긴이)만큼이나 엄숙하게 라르쉬의 성모 마리아에게 바치는 찬송가를 부른 후 저녁은 마무리가 되었습니다.

껑충껑충 뛰고 노래를 부르고 웃고 손뼉을 치고 기도하는 '제정신이 아닌' 장애인과 비장애인들 사이에 앉아서 나는 갑자기 이런 생각을 했습니다. 가난한 사람들이 전 세계의 부자들을 자기 주변으로 불러 모아 그들에게 하나님의 참 사랑을 보여주었다고 말입니다. 그래서 장애와 비장애, 가난함과 부유함, 비효율성과 효율성의 구분이 사라지고, 하나님의 집에 사는 모든 사람의 연합이 눈에 보이게 되었다고 말입니다. '무관한' 인생들이 하나님을 통해 서로 상관이 있게 되었습니다. 연약한 어린아이로, 떠돌이 설교자로, 십자가에 달린 추방자로 우리에게 계시되신 하나님으로 말미암아 우리도 서로에게 상관있는 존재가 되었습니다.

  사랑의 집의 친밀함은 언제나 약한 자와의 연대로 이끕니다. 조건 없이 우리를 사랑하시는 그분의 마음에 가까이 가면 갈수록 우리는 서로에게 더 가까워지고 속량받은 인류의 연대를 이루게 됩니다.

결론

　사랑의 집에서 나타나는 생명의 첫 징후인 친밀함에 대해서 이야기한 이번 장의 결론에 이르렀습니다. 친밀함은 하나님의 선물이며, 두려움으로 인한 소원함과 두려움으로 인한 가까움 모두를 초월하게 해주고, 인간의 모든 용납과 거절 이전의, 그리고 그것 너머의 사랑을 경험하게 해준다는 사실을 이제 우리는 이해했습니다. 친밀함은 소유욕도 아니고 배타성도 아니며, 모든 사람을 형제와 자매로 보게 해주고 온 인류와, 특히 고통 받는 사람들과 연대해서 일할 수 있게 해줍니다. 기도는 하나님과 함께 있는 것이고, 그와 반대로 행동은 사람들과 함께 있는 것이라고 생각하고픈 유혹을 우리는 받습니다. 친밀함에 대해서 지금까지 숙고한 것들이 기도와 행동 둘 다가 하나님과, 그리고 그 하나님을 통해서 온 인류와 맺는 친밀한 관계의 표현이라는 것을 보여주었기를 바랍니다.

이러한 관점의 친밀함을 배경으로 이제 사랑의 집에서 나타나는 생명의 두 번째 징후인 풍성함의 의미를 탐험해보겠습니다.

두려움은 집을 짓지 못합니다.

혼자 살게 하거나 보호받을 수 있는 피난처에서 살게 하지만
친밀한 집을 짓게 하지는 않습니다.
두려움은 너무 멀리 혹은 너무 가까이 있게 만듭니다.
두 가지 모두 친밀함이 자라지 못하게 하는 요소들입니다.
내가 두려워하는 사람들과 어떻게 지내는지만 봐도 알 수 있습니다.
나는 종종 그들을 피합니다.
그 집에서 나와 눈에 띄지 않는 구석에 숨거나,
단조롭고 애매하게 내 의사를 표현합니다.
때로는 가까움을 가장하기도 합니다.

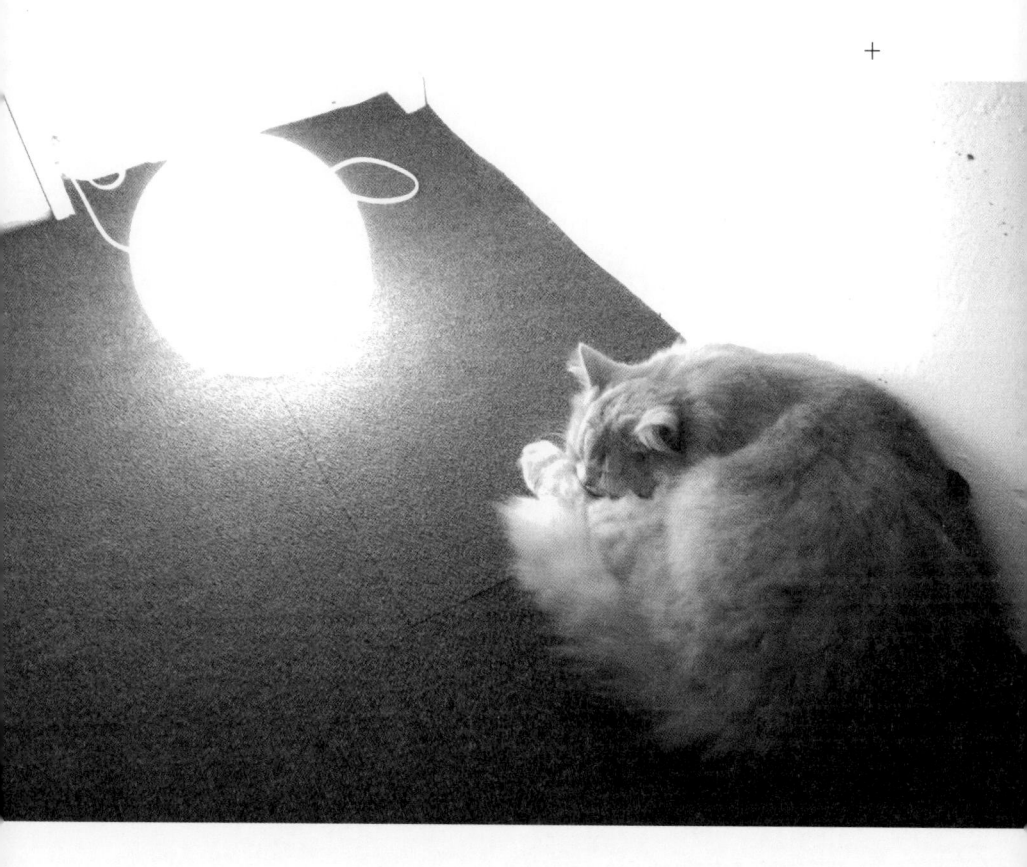

너무 오래 그들과 이야기하거나, 그들의 농담에 너무 크게 웃거나,
그들의 견해에 너무 빨리 동의해버립니다.

내가 손을 활짝 펴면 어떻게 되겠습니까?
새가 날갯짓을 하려고 애쓰다가 떨어져서 죽을 겁니다.
내가 손을 완전히 닫아버리면 어떻게 됩니까?
새가 눌려 죽을 겁니다.
친밀함의 장소는 이렇게
살짝 오므린 손과 같습니다.
완전히 벌려 있지도, 완전히 닫혀 있지도 않습니다.

성장은 그러한 공간에서 일어납니다.

네가 다른 사람들로부터 사랑받거나
그들을 사랑하기 훨씬 전부터 너는 사랑을 받았다.
네가 누구를 용납하거나 네 자신이 용납을 받아들이기 훨씬 전부터
너는 용납을 받았다.

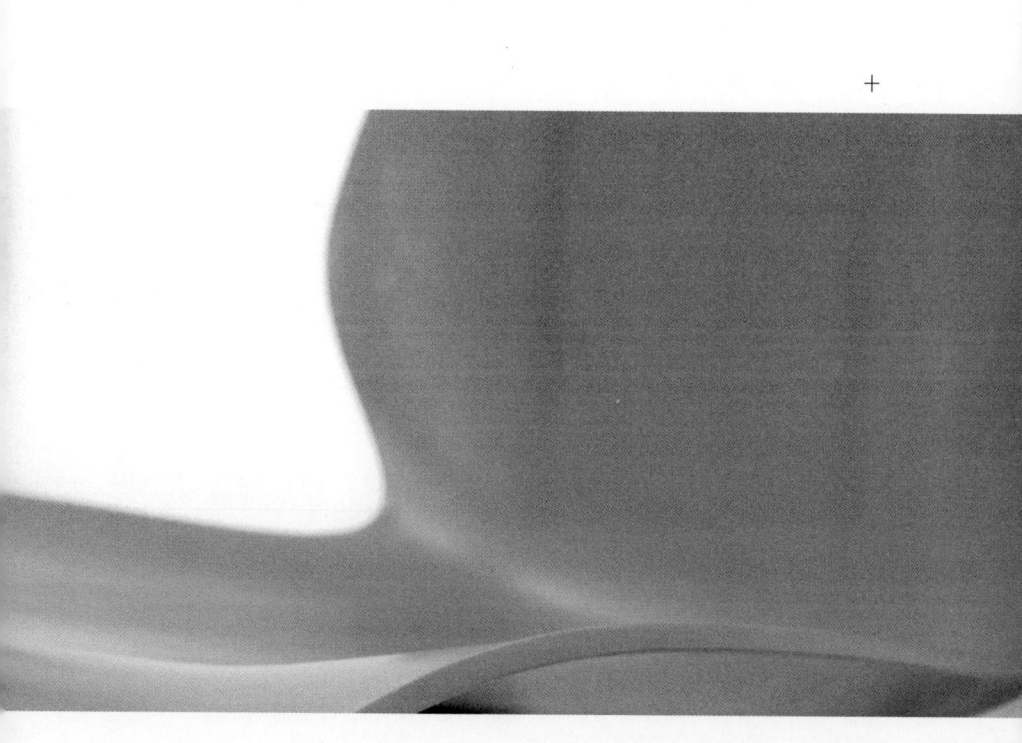

네가 누군가를 안전하게 지켜주거나 누가 너를 지켜주기 훨씬 전부터
너는 이미 안전하다.

우리의 기도가 깊어질수록
이러한 하나님의 사랑의 신비에 더 가까이 가게 됩니다.
그리고 그 신비에 더 가까이 갈수록
일상생활에서 그것을 더 잘 실천하게 됩니다.
다른 사람들의 재능 앞에서 주눅 들지 않고
그것을 인정할 수 있게 해주고
우리 자신의 고유함을 잃지 않고도
그들의 고유함을 높이 살 수 있게 해줍니다.
인간의 다양한 존재 방식을,
하나님의 보편적 사랑의 표시로서 축하할 수 있게 해줍니다.

2
Lifesigns
풍성함

도입

"사람이 내 안에 머물러 있고, 내가 그 안에 머물러 있으면, 그는 많은 열매를 맺는다"(요 15:5). 이 말씀을 통해서 예수님은 비옥함 혹은 풍성함에 대해서 이야기하십니다. 예수님 자신과 예수님을 통해서 온 인류가 우리의 진정한 집이 되고 나면 우리는 진정으로 풍성하게 많은 열매를 맺는 사람들이 될 수 있습니다. '풍성함'(fecundity, 원래의 의미는 '생식력'에 가깝지만 여기서는 전체적인 맥락을 고려해 '풍성함'으로 번역했다—옮긴이)은 일상 대화에서 많이 쓰는 단어가 아니지만, 회복할 가치가 있는 말입니다. 생명을 낳는 인간의 깊은 잠재력을 만나게 해주기 때문입니다. 풍성함이라는 말이 구식으로 들리는 이유는 어쩌면 오늘날의 기술사회에서 이 단어의 의미가 우리의 의식 이면으로 사라지고 있기 때문인지도 모릅니다.

　그러나 집 없는 사람 같은 우리의 상태뿐만 아니라 생명을 줄 수 있는 우리의 능력을 의심하는 것도 참으로 많은 고통의 원인입니다. 오늘날 많은 고통은 이처럼 무가치하다는 인식이 깊어진 데서 비롯됩니다. 수많은 사람들이 따분하고, 지루하고, 침체되고, 판에 박힌 생활을 한다고 느낍니다. 내적인 활력, 생기 있게 살고 싶은 깊은 열망이 부족합니다. 하루하루가 똑같고, 날마다 할 일은 많지만 깊은 만족감을 느끼기는 힘듭니다. 열매를 맺지 못하는 삶이 바로 이와 같습니다. 그러나 다행히도 어떤 사람들은 자신들의 가치를 깊이 느낍니다. 자신의 존재가 생명을 줄 수 있음을 인식하기 때문입니다. 그들의 기쁨은 기쁨을 낳고, 그들의 평화는 평화를 낳습니다. 그들은 살아 있는 모든 것의 거룩한 전염성을 인식하게 해줍니다.

　이번 장에서는 우리 삶에서 풍성함의 역할을 좀 자세하게 살펴보려 합니다. 우선 두려움과 풍성함의 부정적 관계에 대해 논의할 것입니다. 그다음에는 풍성함이 사랑의 집에서 어떻게 나타나는지를 설명하고 싶습니다. 마지막으로 풍성함을 포용과 연결시켜, 사명으로서의 풍성함을 알아보고자 합니다.

풍성함과 두려움

두려움은 친밀함만 방해하는 것이 아니라, 풍성함도 좌절시킵니다. 두려움이 우리 삶을 지배하면 열매를 맺어야 할 거룩한 마음을 인내하면서 지켜낼 수가 없습니다. 두려움이 나타나는 두 가지 방식은 불모성과 생산성입니다.

불모성은 두려움에 대한 매우 확실한 반응 중 하나입니다. 사방에서 위협을 느낄 때 우리는 스스로를 닫아버리고 더 이상 사람들에게 손을 내밀지 않습니다. 풍성한 관계를 맺을 수 있는데도 말입니다. 두려워할수록 우리는 뒤로 내뺍니다. 위험이 커진다고 느끼면 우리는 더 뒤로 내빼다가 결국에는 모두와 '남남'이 되어버리고 맙니다. 그래서 스스로 만들어낸 보호벽 안에서 퇴화하여 불모지가 되어버립니다.

많은 사람들이 자녀가 있고, 직장과 돈도 있고, 인생에서 의미 있는 성공을 이루고도 스스로를 불모지라고 느낍니다. 불모성은 정말로 살아 있음을 경험하지 못하는, 즉 생명을 주지 못하는 상태를 말합니다. 우리는 종종 이런 말을 듣습니다. "내가 이 세상을 움직이는 것도 아니고, 중요한 결정들은 다른 사람들이 내리니까… 그냥 날 좀 내버려두었으면 좋겠어. 내 할 일이나 잘하면 되지. 사람들이 고통 받는 건 알지만 내가 어떻게 할 수 있는 일이 아니잖아…."

이것은 죽음의 목소리입니다. 무가치함과 자기회의의 목소리이고 그것은 자라고자 하는 열망을 서서히 소멸시킵니다.

제1세계의 사람들은 고도의 기술과 복잡한 관료 체계의 사회에 살면서 자신이 미래를 만드는 일에 적극적으로 참여한다는 인식을 점점 잃어갑니다. 어떻게 작동하는지 이해할 수 없는 복잡한 기계의 쓸모없는 부품으로 자신을 보는 경우가 많습니다. 실직한 청년과 은퇴한 노인들만이 아니라, 현대 사회의 공장과 사무실에서 무척 바쁘게 일하는 사람들도 그렇게 느낍니다. 바쁜데도 지루하다는 건 영적 질병의 불길한 징후입니다.

제3세계에도 무가치하다는 인식이 있습니다. 하지만 그 이유는 다릅니다. 그곳에서는 가난한 사람과 부유한 사람의 간극이 너무도 큰 나머지, 가난한 사람들은 자기 나라의 운명을 결정짓는 사람들에게 자신은 불필요한, 심지어 짐이 되는 존재라고 느낍니다. 비참한 상태에서 사는 많은 사람들이 운명론자가 되어버렸습니다. 그들은 무슨 일을 해도 상황은 바뀌지 않을 것 같다고 생각합니다. 힘 있는 자들의 권력이 너무도 강력하게 느껴져서 더 나은 교육과 주거환경과 건강보험 같은 것들을 위해 싸우는 것이 과연 가치가 있을까, 회의합니다. 진정한 변화란 무지개가 끝나는 곳에 묻혀 있다는 보물을 찾는 일만큼이나 불가능한 일은 아닐까, 생각합니다.

제1세계에서든 제3세계에서든, 알지 못하는 권력에 대한 두려움 때문에 자기 안에서 아무것도 자랄 것 같지 않은 내적인 불모성을 경험한 사람들은 이렇게 말합니다. "나는 줄 것이 아무것도 없다."

우리의 인생을 통해서 성취될 어떤 약속을 받았다는 확신이 없으면 희망은 서서히 사라지고 그에 따라 생명을 줄 수 있는 능력도 서서히 사라집니다. 어떤 사람들은 그래서 아이를 낳으려 하지 않습니다. "미래가 없는데 아이는 낳아서 무엇합니까?" 또 어떤 사람들에게는 아이가 안전함을 느끼는 유일한 원천이 됩니다. "늙어서 내 자식이 아니면 누가 나를 돌봐주겠습니까?" 그러나 누구나 희망을 상실하면 미래를 향한 내적인 움직임이 억압됩니다. 여기에서 가장 먼저, 그리고 가장 중요하게 나타나는 영적 상처는 바로 열매 맺지 못하는 불모성입니다. 하나님의 영은 창조의 영이시며 언제나 새로운 생명으로 자신을 나타내십니다. 그 영이 두려움으로 소멸되면 자신이 가진 것에 집착하게 되고, 따라서 우리는 더 이상 움직이지도 자라지도 않게 됩니다.

예수님이 우물가에서 만난 여인의 불모 상태를 알아보신 이야기(요 4:1-42)에 대해 장 바니에는 이렇게 설명해주었습니다. 예수님은 무척 덥고 아무도 물을 길으러 나오지 않는 정오에 여인을 만나셨습니다. 여자가 그 시각에 나온 것은 마을 여자들과 감히 어울릴 수가 없어서였습니다. 그들은 이른 아침에 나와서 물만 길어가는 것이 아니라 최근 소식도 주고받았으니까요. 여자는 같은 동네 사람들로부터 환영받지 못하는 추방자 신세였습니다. 예수님이 여자에게 "내가 주는 물은, 그 사람 속에서, 영생에 이르게 하는 샘물이 될 것이다"(요 4:14)라고 말씀하신 것은 여자의 영적 메마름을 직면하게 하시고 치유하시기 위함이었습니다. 이 이야기의 끝에 보면 거절당하고 두려움에 차 있던 이 여인은 마을로 돌아가 두려움 없이 증언합니다. "내가 한 일을 모두 알아맞히신 분이 계십니다. 와서 보십시오. 그분이 그리스도가 아닐까요?"(요 4:29) 이 여자는 두려움에서 벗어났고, 불모성을 치유받았고, 생명을 주시는 그리스도를 전하는 유익한 증인이 되었습니다.

두려움은 삶을 그런 메마름으로 이끌 뿐만 아니라 반대로 지나친 생산성을 만들 수도 있습니다. 여기에서 우리는 열매와 상품을 구분하는 것이 중요합니다. 열매 맺으며 살라는 부름이 곧 생산적이 되라는 부름을 의미하지는 않습니다. 상품은 우리가 만드는 어떤 것입니다. 구체적인 행동들의 결과로 상품이 나오고 우리는 그것을 우리 것으로 주장할 수 있습니다. 그 행동을 반복하면 똑같은 상품을 얻고, 그 행동을 계속해서 반복하면 시간을 낭비하지 않는 매우 생산적인 사람으로 곧 인정받습니다.

우리가 사는 세상에서는 모든 것이 상품이 될 수 있습니다. 자동차, 집, 책, 가공품뿐만 아니라, 영향력 있는 친구, 성공적인 교류, 중요한 결정도 마찬가지입니다. 그러한 것 모두가 우리가 '만든' 것이 될 수 있습니다. 이만하면 사람들이 자신을 인정할 것이라는 인식을 심어줍니다. 사람들은 종종 자신의 생산성을 강조하면서 소개가 되는 경험을 합니다. "이 친구는 프랭크인데, 아주 영향력 있는 책을 썼지요. 한번 읽어보셔도 좋을 겁니다. 이 친구는 메리인데, 풀

리처상을 탔어요. 이 친구는 피터인데, 사진에 대해서라면 모르는 게 없어요." 이러한 말이 주는 암시는 우리가 만들어내는 것이 곧 우리 자신이라는 것입니다. 성취와 성공을 강조하는 현대 사회에서 우리는 생산적인 것이 곧 열매 맺는 것인 양 삽니다. 생산성은 약간 비난받는 것만 감수한다면, 쓸모없어지는 것에 대한 두려움을 없애는 데에 도움이 됩니다. 그러나 예수님을 따르는 사람으로 살고 싶다면, 상품과 성공과 성과는 사랑의 집에 속하기보다는 두려움의 집에 속하는 경우가 많다는 사실을 알아야 합니다.

두려움이 우리 삶을 지배하면 인간으로서 자신의 가치에 대해 걱정하게 되고 그래서 손쉽게 상품에 정신을 팔게 됩니다. 불모지가 되는 것에 대한 뿌리 깊은 두려움 때문에 미친 듯이 생산성에 몰두하는 것은 아닌지, 궁금해질 때가 있습니다.

갈수록 생산성을 강조하는 사회가 되고 있습니다. 사업계와 산업계만이 아니라 스포츠계와 학계에서도 생산성이 주된 관심사가 되었습니다.

'생산'에 대한 두려움

내가 직접 경험한 분야는 대학 사회입니다. 학생들의 생활에서 매우 슬픈 점은 그들이 늘 압박감에 시달린다는 사실입니다. 역설적이게도 우리 문화가 낳은 위대한 책들을 읽고 창조 세계의 복잡한 아름다움을 탐험하는 사치를 누리는 이 학생들은 늘 마감일과 싸우고 있습니다. 학생들은 읽어야 하는 혹은 써야 하는 페이지 수 때문에 불평을 하고, 시간 안에 그 많은 과제들을 끝낼 수 있을지 불안해합니다. '학교school'라는 단어가 (자유 시간이라는 뜻의) '스콜라schola'에서 파생되었다는 사실은, 원래 학교란 바쁜 생활을 중단하고 인생의 신비에 대해 생각할 여유를 가진다는 뜻이었음을 상기시켜줍니다. 그런데 오늘날 학교는 최대한 많이 성취하고, 가능한 한 짧은 기간 안에 인생이라는 거대한 전쟁에서 생존하는 데에 필요한 도구를 습득하는, 정신없는 경주의 장이 되어버렸습니다. 천천히 음미하며 읽도록 쓰인 책들을 과제 때문에 서둘러 읽고, 곰곰이 생각하는 눈으로 보아야 하는 그림들을 이수해야 하는 미술 감상 과정으로 보고, 여유롭게 즐기도록 작곡된 음악을 시대나 양식을 알아내기 위해서 듣습니다. 그래서 원래는 조용히 배우는 장소였던 대학들이, 가장 많이 그리고 가장 잘 생산한 사람에게 보상을 주는 경쟁 장소가 되었습니다.

생산성에 대한 강조는 인간관계에도 깊은 영향을 미쳤습니다. 남편과 아내, 부모와 자식, 형제와 자매, 교사와 학생 사이의 관계도 만연한 성공주의에 감염될 때가 많습니다. 심지어 가장 친밀하고 가장 연약한 순간에도 '생산치 못할 것'에 대한 두려움이 침입할 수 있습니다.

'열매'라는 사랑의 속성

인간의 성性은 이제 하나의 산업이 되었습니다. 남자와 여자의 성적 욕망을 착취하는 영화, 비디오, 책, 잡지들이 대량으로 생산되고 판매되고 있습니다. 그런 매체들은 성적 능력이 행복으로 가는 지름길이라고 선전합니다. 슬프게도 성산업은, 외로운 사람이 이토록 많은 세상에서 진정한 친밀함은 곧 '훌륭한' 섹스라고 우리가 믿기를 바랍니다. 물론 대부분의 사람들이 포르노와 상관없이 살기는 하지만, 성적 능력을 강조하는 우리의 쾌락주의적 문화 때문에, 의식적으로건 무의식적으로건 고통 받는 사람들이 많습니다.

생산성이 잘못됐다거나 경멸해야 하는 것이라고 말하고 싶지는 않습니다. 오히려 생산성과 성공은 삶의 질을 크게 향상시켜줄 수 있습니다. 그러나 인간으로서 우리의 가치가 우리의 손과 정신으로 만들어낸 것에 달려 있다면, 이 세상이 쓰는 두려움의 전략에 우리는 희생당하고 말 것입니다. 생산성을 통해 자기회의를 극복하다 보면 거절과 비판에 매우 약한 사람이 될 것이고, 내적 불안과 우울함에 쉽게 빠질 것입니다. 생산성은 우리가 그토록 갈망하는 소속감을 결코 주지 못합니다. 더 많이 생산할수록, 성공과 결과물은 우리에게 '집'의 체험을 주지 못한다는 사실을 더 절실히 깨닫습니다. 사실 생산성은 우리가 두려움에 쫓긴다는 사실을 오히려 드러내기도 합니다. 그런 의미에서 불모성과 생산성은 같습니다. 둘 다 열매를 맺으며 살 수 있는 자신의 능력을 의심한다는 표시일 수 있기 때문입니다.

장 바니에와 그가 돌보는 장애인들과 함께 살면서 내가 얼마나 성공지향적인 사람인지를 깨닫습니다. 사업계, 산업계, 스포츠계, 학계에서 결코 경쟁할 수 없는 사람들, 옷을 입고, 걷고, 말하고, 먹고, 마시고, 노는 것이 주요 '성취'인 이 사람들과 사는 것이 내게는 매우 짜증스러운 일입니다. 나는 행위보다 존재가 더 중요하다는 이론적인 통찰은 얻었을지 모릅니다. 하지만 할 수 있는 일이 거의 없는 사람들과 그냥 함께 있으라는 요청을 받고 나니 내가 얻은 통찰을 실현하려면 아직 멀었다는 생각이 듭니다. 그래서 장애인들은 내 스승이 되었습니다. 그들은 생산성이 풍성함과는 다르다는 것을 여러 가지 방식으로 알려주었습니다. 누구는 생산적이고 누구는 생산적이지 않을 수 있지만, 모든 사람이 열매를 맺으라는 부름을 받았습니다. 열매 맺음은 사랑의 진정한 속성입니다.

풍성함과 사랑

친밀함이 멂과 가까움의 중간지대가 아닌 것처럼, 풍성함도 불모성과 생산성의 중간지대가 아닙니다. 우리는 불모성과 생산성이라는 방법으로 삶을 통제하고 삶의 방향을 결정하려고 합니다. 두려움 때문에 새로운 생명 낳기를 거부하는 것과, 두려움 때문에 우리 손으로 그것을 창조하려는 것은 다 하나님 행세를 하려 드는 것입니다. 그래서 우리는 자신을 내어맡기고 인도를 받아 알지 못하는 곳 그리고 예측할 수 없는 곳으로 가라고 초대하시는 그분과 불안한 거리를 유지하려고 합니다.

풍성함은 불모성과 생산성을 초월합니다. 두려움의 질서가 아니라 사랑의 질서에 속하기 때문입니다. 풍성함이라는 위대한 신비는 인생을 통제하지 않고 용기를 내어 인생이 스스로의 모습을 드러낼 때 볼 수 있습니다. 우리가 하나님의 사랑을 신뢰하고 거기에 우리 자신을 맡길 때마다 열매가 자랍니다. 열매는 친밀한 사랑이라는 토양에서만 자랄 수 있습니다. 그것은 만들어지는 것이 아니며, 반복되는 인간의 특정 행동의 결과도 아닙니다. 예측할 수도 규정할 수도 없는 열매는 그저 받아야 하는 선물입니다. 선물이라고 하는 이 특성이 바로 열매를 상품과 구분해줍니다.

열매 맺는 삶의 세 가지 측면에 대해 설명해보겠습니다. 그 세 가지는 바로 연약함, 감사, 그리고 돌봄입니다. 열매 맺는 삶은 무엇보다도 연약함 가운데 사는 것입니다. 우리가 서로를 계속 두려워하면 스스로를 무장하고 방어적으로 살게 됩니다. 그런 인생은 열매를 맺을 수 없습니다. 벽, 무기, 그리고 특수 잠수함이나 순항 미사일 같은 매우 정교한 발명품들은 생산할 수 있을지 몰라도, 열매는 맺지 못합니다. 용기 있게 자신의 방어막을 내려놓고 누구나 가지고 있는 연약함과 필요를 서로 고백할 만큼 서로를 신뢰해야만 함께 열매 맺는 생활을 할 수 있습니다.

하나님의 길은 연약함의 길입니다. 복음의 위대함은 하나님이 작고 연약해지셨고, 그럼으로써 우리들 가운데서 열매를 맺으셨다는 사실입니다. 가장 열매를 많이 맺은 삶이 바로 예수님의 삶입니다. 예수님은 자신의 신적 능력에 집착하지 않으시고 우리처럼 되셨습니다(빌 2:6-7을 보십시오). 예수님은 궁극의 연약함으로 우리에게 새 생명을 가져다 주셨습니다. 예수님은 다른 사람들의 돌봄과 보호가 필요한 작은 아이로 우리에게 오셨습니다. 예수님은 아무런 정치적, 경제적, 군사적 권력 없이 가난한 설교자로 우리를 위해서 사셨습니다. 예수님은 쓸모없는 범죄자로 십자가에 못 박혀서 우리를 위해 돌아가셨습니다. 이와 같은 극단의 연약함을 통해 우리가 구원을 얻었습니다. 이 가난하고 실패한 인생의 열매가 바로 그분을 믿는 모든 사람에게 주어지는 영생입니다.

'하나님의 연약함'이 주는 신비를 아주 조금 이해하는 것도 우리에게는 매우 힘든 일입니다. 그러나 우리에게 보는 눈과 듣는 귀가 있으면, 여러 장소에서 여러 방식으로 그것을 볼 수 있습니다. 방어하지 않고 서로의 연약함을 끌어안은 두 사람, 그들의 사랑이 맺은 열매인 아이가 태어날 때 그것을 볼 수 있습니다. 가난한 사람들이 감사하며 웃을 때, 그리고 장애인들의 따뜻한 애정에서 그것을 볼 수 있습니다. 사람들이 용서를 구하고 화해할 때마다 그것을 볼 수 있습니다.

연약한 서로에게
다가가기

많은 사람들이 고통스러워하는 이유는 고백하고 용서를 구하는 것이 두렵기 때문입니다. 마침내 용기를 내어 자신이 가장 부끄럽게 여기는 일 혹은 가장 죄책감을 느끼는 일에 대해 고백을 했는데, 친구를 잃지 않고 오히려 얻은 경우에 사람이 가장 크게 변하는 것을 나는 보았습니다. 그럴 때 거리감이 사라지고, 벽이 허물어지고, 심연이 채워집니다.

자신이 얼마나 하나님을 미워하는지 계속해서 강조하던 어느 여학생과 여러 차례 길고도 고통스럽게 대화했던 때를 나는 생생하게 기억합니다. 그 학생에게 하나님은, 수치심과 죄책감이라는 짐을 지워 비참한 인생을 살게 만드는 병적인 압제자였습니다. 하나님의 연민과 사랑에 대해서 내가 아무리 설명해도 학생의 생각을 바꿀 수는 없었습니다. 그런데 이야기할 시간이 충분했던 어느 날, 달리 신경쓸 일도 없고 서로에게 신뢰가 생기기 시작했던 그날, 학생은 길고도 고통스러웠던 자기 인생의 이야기를 자세하게 해주었습니다. 그렇게 이야기를 하는 동안 서서히 그 학생 안에 새로운 무엇이 태어

나는 것을 나는 느낄 수 있었습니다. 그것은 자신이 진정으로 사랑받고 있으며 두려워할 필요가 없다는 깊은 인식이었습니다. 나중에 학생은 제게 이렇게 편지를 썼습니다. "그때 함께했던 긴 대화는 제게 새로운 인생의 시작이었습니다. 용서하시고 언제나 사랑하시는 하나님의 그윽한 눈길을 받으며 사는 인생의 시작이었지요."

두 사람 모두가 연약함을 드러내었던 상황에서 하나님의 참얼굴을 보았기에 그 학생에게는 새로운 인생이었던 것입니다. 이 어린 학생은 하나님만 발견한 것이 아니라, 나와 친구가 되었습니다.

연약한 모습이지만 두려움을 극복하고 서로에게 다가갈 때마다 우리는 하나님의 집에 있는 사랑을 볼 수 있고 그 사랑의 열매를 맛보게 됩니다.

열매 맺는 삶의 두 번째 측면은 감사입니다. 성공에 대한 집착이 감사의 정신을 소멸시킵니다. 다른 사람들에게 자신의 가치를 증명하려 하고 라이벌과의 경쟁에만 마음과 정신을 쏟으면 감사하기가 힘듭니다. 독립과 자립을 이상으로 제시하는 사회에서 감사는 강함보다는 약함의 상징입니다. 감사는 자신이 다른 사람들을 의지하고, 그들의 도움과 지지를 받고 있다는 사실을 인정할 것을 전제하기 때문입니다.

그러나 상품에서 열매로 관심을 돌리는 순간, 우리는 감사하는 사람이 됩니다. 예수님은 언제나 감사하셨습니다. 나사로의 열린 무덤 앞에 섰을 때 예수님은 자신의 기도를 들어주신 아버지께 감사했습니다(요 11:41). 마지막 만찬을 위해 제자들을 한자리에 모으셨을 때도 빵과 포도주 앞에서 감사하셨습니다. 감사는 예수님과 그분을 따르는 사람들의 삶의 핵심입니다.

'존재'라는 값진 선물

감사의 이야기 중에서 가장 감동적인 것은 복음서 기자 요한이 들려주는 오병이어의 기적 이야기입니다(요 6:5-15). 예수님이 배고픈 무리를 보시고 어디에서 이 사람들을 먹일 빵을 구할까 하셨을 때, 안드레가 이렇게 말했습니다. "여기에 보리빵 다섯 개와 물고기 두 마리를 가지고 있는 한 아이가 있습니다. 그러나 이렇게 많은 사람에게 그것이 무슨 소용이 있겠습니까?"

안드레의 말은 두려워하는 우리의 태도를 아주 잘 요약해줍니다.

필요는 엄청나고 자원은 너무 적으니 우리가 뭘 어떻게 하겠는가? 이러한 태도가 지닌 의미는 분명합니다. 적지만 이거라도 잘 가지고 있어야 최소한 생존은 한다는 것이지요. 그러나 이 이야기는 "예수께서 빵을 들어서 감사를 드리신 다음에, 앉은 사람들에게 나누어주시고, 물고기도 그와 같이 해서, 그들이 원하는 대로 주셨다"라고 말합니다. 빵과 물고기를 '비축해야 할 상품'으로 보는 것에서, 감사함으로 나눌 것을 요구하는 '하나님의 소중한 선물'로 바라보는 근본적인 시각 전환은, 죽음에서 생명으로의 이동이며, 두려움에서 사랑으로의 이동입니다. "보리빵 다섯 덩이에서, 먹고 남은 부스러기를 모으니, 열두 광주리에 가득 찼다"라는 장엄한 선언으로 마치는 이 이야기를 읽고 나면, 하나님의 집은 결핍의 집이 아니라 풍요의 집임을 확신하게 됩니다.

존재하는 모든 것은 사랑에서 우러나온 신의 선물이며, 감사함으로 받고 다른 사람들과 함께 나누라고 하나님이 마음껏 주신 것임을 인식하는 데서 감사가 비롯됩니다.

우리를 창조하고, 유지하고, 인도하는 하나님의 친밀한 사랑과 더 많이 접할수록, 그 사랑으로부터 나오는 수많은 열매들을 더 많이 알아보게 됩니다. 그것은 바로 기쁨, 평화, 친절, 선함 그리고 온유와 같은 성령의 열매들입니다. 이러한 열매 가운데 무엇을 접하든 그것은 언제나 선물입니다.

예를 들어, 가족과 분위기 좋은 시간을 누리거나, 친구들과 평화로운 시간을 가지거나, 공동체 안에서 협력과 상호 지지의 기운을 느낄 때, 그것은 우리가 만들어낸 것이 아님을 직관적으로 압니다. 그것은 만들 수도, 모방할 수도, 전수할 수도 없습니다. 질투하는 사람들, 우리의 기쁨과 평화를 원하는 사람들에게 그것을 만드는 공식이나 습득하는 방법을 제시할 수가 없습니다. 그것은 언제나 선물이며, 따라서 감사하는 것밖에는 할 일이 없습니다.

진정한 선함이나 온유함을 경험할 때마다 우리는 그것이 선물인 것을 압니다. "우리에게 친절함을 베푸는 일이 저 사람 직업이니까" 혹은 "저렇게 친절하게 말을 하는 이유는 우리에게 원하는 게 있기 때문이야"라고 말한다면, 더 이상 그 선함을 선물로 받을 수가 없습니다. 우리는 선물을 주고받으면서 성장합니다.

우리에게 일어나는 모든 일을 '예측 가능한 행동'의 '예측 가능한 결과'로 볼 때 우리는 인생의 넘치는 기쁨과 풍성함을 잃어버리고, 우리 인생은 육체적, 감정적, 영적 상품들을 끊임없이 사고파는 상업으로 전락합니다. 감사의 정신이 없으면 인생은 밋밋하고 지루해

집니다. 그러나 우리가 계속해서 삶이 보여주는 새로운 모습에 놀라고 하나님을 찬양하고 하나님과 이웃에 감사한다면, 판에 박히고 지루한 것들은 설 자리가 없게 됩니다. 그럴 때 인생의 모든 것이 감사의 이유가 됩니다. 따라서 풍성함과 감사는 결코 분리될 수 없습니다.

마지막으로 열매는 돌봄을 필요로 합니다. 열매 맺는 삶을 살려면 우리가 두려워하지 않게 해주고, 우리 안에 있는 연약한 열매들이 강하게 자라도록 해주는 환경이 필요합니다. 돌봄은 조작이나 통제가 아닙니다. 씨앗이 얼마나 자랐는지 보려고 날마다 땅에서 그것을 끄집어낸다면 씨앗은 결코 크지 못합니다. 마찬가지로 인생의 열매를 발달 단계마다 통제하려 하면 결코 성장하지 못합니다. 상품들은 계속해서 유지 보수를 해주어야 고장이 나지 않습니다. 그러나 열매는 비옥한 흙과 물, 공기, 햇빛 속에서 돌보기만 하면 풍성하게 자랍니다. 예수님은 만나는 사람마다 깊이 돌보셨습니다. 그들을 통제하거나 지배하지 않고, 말과 행동을 통해 그들에게 새로운 방향을 탐색하고 새로운 선택을 할 수 있는 기회들을 주셨습니다.

우리가 더 이상 두려움의 지배를 받지 않고 하나님이 먼저 하신 사랑을 경험했다면, 앞으로 어떻게 될지 매 순간 알 필요가 없습니다. 그 사랑 안에 잘 머물기만 하면 좋은 일들이 일어날 것이라고 우리는 믿을 수 있습니다. 이 땅의 진정한 교육, 건설, 그리고 치유는 사랑의 열매가 완전하게 숙성할 때까지 자라고 발전하게 해주는 방법들입니다. 모든 사역은 연약한 인생들에 주의를 기울이고 돌보는 것이며, 인생의 아름다움이 나타나는 다양한 열매들을 감사하게 받는 것입니다.

나는 이곳 라르쉬에서 풍성함의 아름다움을 그 어느 때보다도 잘 볼 수 있습니다. 두려움의 집에서 살면, 정신도 육체도 온전하지 않고, 생산적인 직업이 있는 것도 아니며 행복한 가정이 있는 것도 아닌 장애인들이 어떻게 열매 맺는 사람들로 간주될 수 있는지 상상하기가 힘듭니다. 그러나 장애가 있는 사람들과 오랫동안 함께 산 사람들은 그들의 엄청난 풍성함을 경험했습니다.

이곳에서 나는 받을 줄 아는 사람에게 그들이 얼마나 많은 것을 주는지 봅니다. 그들은 주저 없이 내어줍니다. 자신의 마음을 줍니다. '정상적인' 사람들은 합리화와 몰입과 두려움 뒤로 감추는 것들이 장애인들에게는 가장 손쉬운 선물입니다. 그들은 사랑과 기쁨과 감사를—불안과 슬픔과 실망까지도—너무도 스스럼없이 나누어서 우리도 마음으로부터 반응할 수밖에 없게 만듭니다. 그들은 종종 숨

겨져 있는 우리의 선물과 약함을 접하게 해주고, 그럼으로써 자신도 모르는 사이에 우리의 치료자가 됩니다.

각자의 방식대로
열매 맺기

장애가 아주 심한 사람들은 희한하게도 자신을 도와주는 사람의 기분과 자신이 속한 집의 분위기를 정확하게 감지하는 경우가 많습니다. 집이 조화롭고 평화로울 때는 그들도 행복하고 만족하지만, 갈등과 긴장이 있을 때면 그것을 알아채고 봉사자들이 인식하기도 전에 먼저 행동으로 나타냅니다. 그들은 인간의 영혼을 진단하는 기압계입니다. 그리고 어느 봉사자가 말했듯, "자신의 기복을 그렇게 직접 드러내는 사람들과 사는 게 언제나 쉬운 일은 아닙니다."

장애인들과 오랫동안 일한 많은 사람들이 자신이 준 것보다 받은 것이 더 많다고 기꺼이 말할 것입니다. 그들은 때로 장애인들과 함께 일함으로써 진정한 자신을 발견했다고까지 고백할지도 모릅니다. 장 바니에는 이러한 경우를 아름답게 상징하는 이야기를 하나

들려주었습니다.

　몇 년 전, 라르쉬의 멤버들은 성지순례를 다녀왔습니다. 그런데 경비가 삼엄한 이스라엘 공항에 도착하자 장애인 중 한 사람인 장 클로드가 무장한 이스라엘 군인들에게 다가가서 한 사람씩 악수를 하면서 자신이 성지에 도착해서 매우 기쁘다고 말한 것입니다! 정말이지 이러한 사람들이 제복과 소총 이면에 숨겨 있는 진정한 우리 자신을 보게 해주는 경우가 많습니다. 우리가 사실은 형제이고 자매이며, 이런 무기들은 우리의 참모습이 아니라고 그들은 우리에게 말합니다.

　장애인들은 다치기 매우 쉬운 사람들입니다. 그들은 자신의 약함을 숨길 수 없고 따라서 쉽게 학대당하고 조롱당합니다. 그러나 이러한 연약함은 그들을 받아주는 사람들의 삶에 많은 열매를 맺게 합니다. 이들은 감사를 아는 사람들입니다. 자신이 다른 사람들을 의존하며 산다는 사실을 알고 이러한 의존성을 매 순간 보여주지만, 웃음과 포옹과 입맞춤으로 스스럼없이 감사를 표현합니다. 그들은 모든 것이 감사해야 하는 순수한 선물이라는 것을 압니다. 이 사람들은 돌봄이 필요한 사람들입니다. 이 사람들을 보호 시설에 감금하고 하찮게 대하면 이들은 움츠러들어서 열매를 맺을 수가 없습니다.

두려움에 압도당해 자신을 닫아버리고 맙니다. 그러나 이들이 신뢰할 수 있고 이들을 진정으로 돌보는 사람들이 있는 안전한 장소에 있게 하면 이들은 이내 자신의 온 맘을 기꺼이 주는, 선물 같은 사람들이 됩니다.

  장애인들은 풍성함의 위대한 신비를 보게 도와줍니다. 우리를 경쟁적이고 생산 지향적인 삶에서 끄집어내어 우리도 사랑과 돌봄이 필요한 장애인임을 다시 한 번 일깨워줍니다. 자신의 장애를 두려워할 필요가 없으며, 예수님이 자신의 깨어진 몸을 아버지께 드려 열매 맺으신 것처럼 우리도 열매 맺을 수 있다는 사실을 여러 가지 방식으로 알려줍니다.

풍성함과 사명

풍성함의 그림을 완성하려면 이제 전반적인 측면을 논의해야 합니다. 하나님이 보내신 성령의 선물인 사랑, 기쁨, 화평, 인내, 친절, 선함, 신실, 온유, 그리고 절제(갈 5:22-23)는 인간 상호의 관계에만 국한될 수 없습니다. 친구, 가족 그리고 공동체와 같은 작은 영역 너머로까지 나아가야 합니다. 그 선물 안에는 세계로 확산되는 역동이 있고 우리는 그것을 '사명'이라고 부릅니다. 진정한 친밀함에서 연대가 솟아나듯, 풍성함으로부터 사명이 나옵니다.

예수님의 영으로 사는 인생의 두드러진 특징 중 하나는, 모든 민족과 나라에 하나님의 선물을 전해주고 또한 우리도 그들로부터 그 선물을 받도록 늘 보냄을 받는다는 사실입니다. 성령의 열매는 서로

주고받는 전 세계적인 과정 안에서 자라고 성숙해진다는 내적인 인식이 없으면, 하나님의 집에 들어가서 온 인류를 만나는 일은 영적으로 불가능합니다.

남미를 방문하면서 나는 풍성함의 여러 전반적인 측면에 눈을 떴습니다. 처음 남미에 갔을 때 나는 불모지 같은 느낌과 싸우고 있었고 그래서 생산성을 통해 나 자신을 증명할 필요를 느꼈습니다. 북미에 사는 우리는 참으로 부유하기 때문에 그것을 남미의 가난한 사람들과 나누라는 부름을 받았다고 나는 생각했습니다. 그들에게 물질적 자원, 교육, 의료 시설이 다 부족한 것을 보고 먼저 그것을 어떻게든 해결하고픈 강력한 열망이 일어났습니다. 그러나 그러한 생각은 모든 '노하우'를 가진 문제 해결사로서의 사고방식이라는 것을 금세 깨달았습니다. 가난한 사람을 돕고 더 나은 건강 상태와 교육을 위해 일하는 것 자체는 전혀 문제가 되지 않습니다. 그러나 성공적인 변화를 가져오는 것이 우리의 주요 동기가 되면 장기적으로는 유익보다 해를 끼칠 수 있습니다. 왜냐하면 변화를 가져오고자 하는 충동 뒤에는 종종 폭력이 따라오기 때문입니다.

그러나 우리의 우선적 초점이 성령의 열매라면, 북미 사람들이나 남미 사람들이나 형편이 같다는 사실을 우리는 금세 알게 됩니다.

서로를 의지해서 살아가는 연약한 사람들의 모습이 확연히 드러나는 사회에서는 하나님의 풍성한 사랑이 훨씬 더 쉽게 나타나는 경우가 많다고까지 말할 수 있습니다. 페루의 리마에서 가난한 사람들과 몇 주를 보낸 후, 비록 가난하지만 그들이 주는 기쁨과 평화와 온유의 선물에 나는 깊은 감명을 받았고, 그래서 나의 소명은 주는 것만이 아니라 받는 것이기도 하다는 사실을 깨달았습니다. 어쩌면 가난한 사람들의 사랑에서 나오는 많은 선물들을 받는 것이, 내가 그들을 위해 가치 있는 일을 하려고 애쓰는 것보다 더 중요했는지도 모릅니다.

그러나 받는 사람이 된다는 것은 참 어렵습니다. 우리는 쓸모 있는 프로젝트를 실행하고, 비효율적인 방법들을 바꾸고, 급한 문제들을 해결하려고 덤벼드는 성향이 강해서, 받는 사람이 되려면 마음과 정신의 깊은 변화가 필요합니다. 하나님이 우리만큼이나 중미와 남미의 사람들도 사랑하시고 그 사랑은 그곳에서도 풍성한 열매를 맺는다는 사실을 우리는 진정으로 믿기 힘들어합니다.

인종이나 종교나 국적에 상관없이 우리 모두가 하나님의 집에서 형제이자 자매라는 사실을 분명하게 이해하고 나면, 하나님 안에는 가진 것과 가지지 못한 것 사이에 아무런 차이가 없다는 사실을 깨달을 것입니다. 우리 모두 줄 선물이 있고 받아야 할 필요가 있습니다. 가난한 사람, 억압당한 사람 그리고 고통 받는 사람들의 삶에서 나오는 열매들을 부자의 구원을 위한 선물로 받는 것이 선교의 매우 큰 사명 중 하나라고, 나는 갈수록 확신합니다.

'너'를 통해 회심하다

우리가 가난한 사람들의 삶에서 나오는 영적인 열매들을 받기보다 가난한 사람들의 노동에서 나오는 물질적인 열매를 훔치는 데에 더 열을 올렸다는 사실은 역사의 비극입니다. '바나나 공화국' 같은 비하하는 말이 그 사실을 늘 상기시켜줍니다.

통제와 자립이라고 하는 환상 속에 사는 우리는 진정한 기쁨, 평화, 용서 그리고 사랑을 우리의 가난한 형제와 자매들로부터 배워야 합니다. 마틴 루터 킹 주니어는 미국의 흑인들이 백인들을 회심시키는 것이 그들과 평등한 권리를 얻어내는 일만큼이나 중요하다고 생각했습니다. 마찬가지로, 부자가 가난한 사람을 통해 회심하는 것이 부자가 가난한 사람들에게 자신의 부를 나누어주는 것만큼이나 중요합니다. 주기만 하고 받는 자가 되기를 거부하는 것은, 기어코 통제하는 자리에 남아 있겠다는 우리의 욕망을 드러내는 것입니다. 그러면 우리는 두려움의 집에 머물게 됩니다.

지금 여기, 사랑을 가져오다

한번은 비극적인 사고에서 목숨을 잃은 안토니오라고 하는 18세의 청년을 추모하며 성찬식을 가진 적이 있습니다. 성찬식 후 안토니오의 어머니에게 나의 슬픔을 표하기 위해 교회 입구로 갔습니다. 그러나 내 감정을 표현할 적절한 말을 찾는 데에 너무 몰두한 나머지 시선을 바닥에서 떼지 못한 채 그 어머니나 곁에 있던 분들을 제대로 쳐다보지 못했습니다. 마침내 형편없는 스페인어로 나는 이렇게 더듬더듬 말했습니다. "얼마나 상심이 깊으십니까. 무슨 말로 위로해야 할지 모르겠지만, 저도 참 마음이 아픕니다."

나는 망설이며, 그리고 두려워하며 이 말을 했습니다. 그러나 그 어머니는 내 말을 가로막더니 이렇게 말씀하셨습니다. "신부님, 감사합니다. 이렇게 아름다운 미사를 집전해주셔서 감사합니다. 우리 집에 오셔서 같이 식사를 하시지요."

나는 그 말을 제대로 듣지 못했고, 그래서 내가 한 말을 반복했습니다. "얼마나 상심이 깊으십니까."

그러나 어머니는 다시 말했습니다. "감사합니다. 미사를 집전해주셔서 감사합니다. 저희 집에 와서 함께 식사를 하시지요."

그래도 여전히 알아듣지 못하고 눈을 내리깔고 있자, 그 어머니는 내게 다가와서 똑바로 서게 하고는 내 눈을 들여다보며 부드럽게 말했다. "너무 상심하지 마세요, 신부님. 하나님은 우리 안토니오를 사랑하시고, 우리에게 그 아이를 몇 년간 주셨다가 이제는 천국에 데려가고 싶어 하시는 거잖아요? 그 아이가 우리와 함께 있을 수 있어서 감사하고, 지금은 그 아이가 영원히 하나님과 있을 수 있어서 감사합니다. 그리고 신부님께도 감사합니다. 하나님은 우리 모두를 사랑하시고 우리 모두를 돌보십니다. 부디 오셔서 우리와 함께 식사하세요."

그 말을 듣는데 그 어머니의 부모와 형제와 자매들과 다른 아들딸들과 많은 손자들까지 둘러서서 웃는 눈으로 나를 쳐다보며 "그래요, 신부님, 맞아요. 와서 같이 식사하세요"라고 하는 것이었습니다. 그때 나는 사랑하는 사람들에게 둘러싸인 이 고통 받는 여인이 내게 자기 고통으로 맺은 열매인 하나님에 대한 신뢰, 감사, 온유 그리고 돌봄을 주고 있다는 사실을 깨달았습니다. 내가 그녀에게 보냄을 받은 것처럼 그녀도 내게, 보냄을 받은 것이었습니다. 내가 그녀에게 사역하는 것처럼 그녀도 내게 사역하고 있었습니다. 그 큰 고통을 겪었기 때문에 오직 자신만이 할 수 있는 위로와 격려의 말을 그녀는 내게 전하고 있었습니다.

이 여인은 수많은 남미의 남자와 여자들의 이름으로 그 자리에 서 있는 것이라는 사실을 나는 깨달았습니다. 그토록 많이 가졌고, 많이 알고, 많은 일을 할 수 있는 우리 북미의 사람들에게 그녀는 자신이 주는 분투와 고통의 열매를 받아서 집으로 가져가라고, 그래서 우리도 부디 성장하라고 말한 것입니다.

가난하고 억압당한 사람들의 사랑의 열매를 받는 것이 우리의 주요 관심사라면 이 세상이 얼마나 달라질까요. 우리는 가난한 나라들을 무신론적 공산주의가 자라기 좋은 토양으로 보고 따라서 국가안보를 위협하는 존재로 보려는 유혹을 계속 받습니다. 우리는 두려움의 집에 머물면서 군대와 탱크와 잠수함과 미사일을 만듭니다. 그런데 그러한 생산품을 만들면 만들수록, 받아주길 기다리고 있는 사랑의 열매들을 알아보기가 더 힘듭니다.

먼저 이웃을 위해 깊은 헌신의 마음으로 기도하고, 아이들과 가족을 깊이 사랑하고, 아름다운 시를 쓰고, 기쁨과 감사의 정신을 가진 사람들로 보면 어떨까요? 너무 바빠서 기도하지 못하고, 너무 외로워서 가족을 지키지 못하고, 너무 실용주의적이어서 시를 쓰지 못하고, 자신에게 너무 몰두해 있어서 기뻐하거나 감사하지 못하는 우리가 그러한 선물을 받고 싶어지지는 않을까요?

모든 사람에게 주어진 하나님의 친밀한 사랑, 그 열매를 주고받는 것이 우리의 가장 큰 관심사가 된다면, 평화가 멀지 않을 것입니다. 그러한 평화가 지금 이 세상에는 없습니다. 그러나 언제 어디서든, 사람들이 두려움의 집을 떠나 사랑의 집에서 자신의 선물을 나누기 시작하면 진정한 사명이 일어나고 진정한 평화 만들기가 시작될 것입니다.

결론

풍성함은 생명을 가져옵니다. 하나님은 산 자의 하나님이시고, 하나님의 사랑이 알려지는 곳마다 생명이 탄생합니다. 불모성과 생산성은 그 안에 죽음의 씨앗을 가지고 있습니다. 풍성함은 언제나 새 생명을 의미합니다. 새롭고 신선하고 고유하게 자신을 드러내는 생명 말입니다. 어린아이, 시, 노래, 친절한 말, 부드러운 포옹, 따뜻한 손, 혹은 나라들 간의 새로운 성찬식이 바로 그 생명입니다.

그런데 생명은 축하해야 합니다. 축하가 없으면 생명은 풍성하게 자랄 수 없습니다. 그래서 세 번째로 사랑의 집에서 누리는 삶의 특징인 희열에 대해서 이제 이야기하려고 합니다.

예수님은 자신의 신적 능력에 집착하지 않으시고
우리처럼 되셨습니다.
예수님은 궁극의 연약함으로 우리에게 새 생명을 가져다주셨습니다.
예수님은 다른 사람들의 돌봄과 보호가 필요한 작은 아이로
우리에게 오셨습니다.
예수님은 아무런 정치적, 경제적, 군사적 권력 없이
가난한 설교자로 우리를 위해 사셨습니다.
예수님은 쓸모없는 범죄자로
십자가에 못 박혀서 우리를 위해 돌아가셨습니다.
이와 같은 극단의 연약함을 통해
우리가 구원을 얻었습니다.
이 가난하고 실패한 인생의 열매가
바로 그분을 믿는 모든 사람에게 주어지는 영생입니다.

인종이나 종교나 국적에 상관없이
우리 모두가 하나님의 집에서 형제이자 자매라는 사실을
분명하게 이해하고 나면 하나님 안에는
가진 것과 가지지 못한 것 사이에
아무런 차이가 없다는 사실을 깨달을 것입니다.

우리 모두에게는 줄 선물이 있고, 받아야 할 필요가 있습니다.
가난한 사람, 억압당한 사람,
그리고 고통 받는 사람들의 삶에서 나오는 열매들을
부자의 구원을 위한 선물로 받는 것이 선교의 매우 큰 사명 중 하나라고,

나는 갈수록 확신합니다.

모든 사람에게 주어진
하나님의 친밀한 사랑,
그 열매를 주고받는 것이
우리의 가장 큰 관심사가 된다면
평화가 멀지 않을 것입니다.

3
Lifesigns
희열

도입

사랑의 집에서 사는 인생의 세 번째 특징은 희열ecstasy입니다. 이 말을 처음 들으면 놀랄지도 모릅니다. 희열이라고 하면, 신비주의자들이 영적인 황홀경에 빠진 상태가 먼저 떠오르기 때문입니다. 그러한 상태는 극소수의 행복한(혹은 행복하지 않은!) 사람들이 경험하는 것이라고 생각하는 것이지요. 그러나 두려움의 집에서 나와 사랑의 집으로 들어가려고 하는 모든 그리스도인들이 '희열'이라고 하는 단어를 자기 것으로 취하는 것이 매우 중요하다고 나는 생각합니다. 친밀함과 풍성함에 대해 이야기하신 후에 예수님은 제자들에게 이렇게 말씀하셨습니다. "내가 너희에게 이러한 말을 한 것은, 내 기쁨이 너희 안에 있게 하고, 또 너희의 기쁨이 넘치게 하려는 것이다"

(요 15:11).

'넘치는 기쁨'은 하나님의 집의 친밀하고 풍성한 인생이 주는 보상입니다. 희열은 바로 이 넘치는 기쁨이며, 소수의 신비주의자들만이 누리는 것이 아니라 모든 신자에게 주어지는 것입니다.

우리는 기쁨이 사라진 시대에 살고 있습니다. 집을 잃어버린 상태 그리고 생명을 줄 수 있는 능력에 대한 회의가 이 세상의 고통의 주요 원인들이라면, 기쁨이 없는 것은 그 고통의 주요 징후 중 하나입니다. 게다가 정작 사람들이 경험하는 기쁨은 설명되지 않는 경우가 많습니다.

인생에서 기쁨을 표현한다는 것

대학 때 스승 한 분이 1년 내내 인생의 불안에 대해서 말씀하신 것을 나는 생생하게 기억합니다. 그분은 키르케고르, 사르트르, 하이데거, 카뮈의 사상을 아주 자세하게 논의하고 두려움을 낱낱이 해부하여 매우 인상적인 보고문을 제시하셨습니다. 그 수업이 한 달

정도 남았던 어느 날 학생 몇 명이 용기를 내어, 이 수업이 끝나기 전에 기쁨에 대해서 조금 이야기해달라고 부탁했습니다. 처음에 그분은 무척 놀라시더니, 한번 시도해보겠노라고 약속하셨지요. 다음 강의 때 그분은 주저하면서 기쁨에 대해서 이야기하기 시작하셨습니다. 그러나 불안과 두려움에 대해서 이야기할 때보다 설득력도 떨어지고 예리하지도 못했습니다. 결국 두 차례 더 그렇게 수업을 진행하시더니 그분은 기쁨에 대한 생각이 이제 바닥이 났다며 원래 하던 내용으로 돌아가겠다고 하셨지요. 이 사건은 내게 깊은 인상을 남겼습니다. 선생님을 무척이나 존경했기 때문에 더욱 그랬지요. 왜 그분이 불안에 대해서 가르칠 때처럼 그렇게 정교하게 기쁨에 대해서는 가르칠 수 없었는지, 나는 계속 자문했습니다.

왜 그런지 몰라도, 슬픔보다 기쁨을 표현하는 것이 훨씬 더 어렵습니다. 건강을 설명하는 말보다는 병듦을 설명하는 말이, 정상적 상태를 설명하는 말보다는 비정상적 상태를 설명하는 말이 더 많은 것 같습니다. 다리가 아플 때나 머리가 아플 때, 눈이 쓰리거나 가슴에 통증이 있을 때, 나는 시시콜콜하게 그 아픔에 대해서 이야기합니다. 그러나 건강에 아무런 문제가 없을 때는 그 신체 부위에 대해서 할 말이 거의 혹은 전혀 없습니다.

그렇다면 인생에는 기쁨보다 슬픔이 더 많다는 뜻일까요? 그럴지도 모릅니다. 그러나 슬픔이나 고통보다는 기쁨이 더 깊고, 더 친밀하고, 더 '정상적인' 상태여서 말로 표현하기가 어려울 수도 있습니다. 기쁨의 말들은 진부하고, 피상적이고, 감상적으로 들리고 고통과 두려움과 아픔의 말만큼 깊이 우리에게 와 닿지 않을 때가 많은 것 같습니다.

예수님은 명확하게, 슬픔보다는 기쁨이 인생의 깊고 진실한 상태라고 보셨습니다. 예수님은 새 생명의 표시로서 기쁨을 약속하십니다. "너희는 울며 애통하겠으나, 세상은 기뻐할 것이다. 그러나 너희가 근심에 싸여도, 그 근심이 기쁨으로 변할 것이다. 여자가 해산할 때에는 근심에 잠긴다. 진통할 때가 왔기 때문이다. 그러나 아이를 낳으면, 사람이 세상에 태어났다는 기쁨 때문에, 그 고통을 더 이상 기억하지 않는다. 이와 같이, 지금 너희가 근심에 싸여 있지만, 내가 다시 너희를 볼 때에는, 너희의 마음이 기쁠 것이며, 그 기쁨을 너희에게서 빼앗을 사람이 없을 것이다"(요 16:20하-22).

예수님은 기쁨을, '나를 다시 볼 것'이라는 약속과 연결시키십니다. 이 경우 기쁨은 친한 친구가 오랫동안 떠났다가 돌아올 때의 기쁨과 비슷합니다. 그러나 기쁨은 그 이상의 것이라고 예수님은 분명하게 말씀하십니다. 예수님이 말씀하시는 기쁨은, 하늘에 계신 아버지와 공유하는 사랑에서 흘러나와 완성에 이르는 '예수님 자신의 기쁨'입니다. "너희는 내 사랑 안에 머물러 있어라. … 내 기쁨이 너희 안에 있게 하고, 또 너희의 기쁨이 넘치게 하려는 것이다"(요 15:9, 11).

'희열'이라는 말은 예수님이 주시는 기쁨을 더 온전히 이해할 수 있게 해줍니다. 이 단어의 문자적 의미는 기쁨에 대해서 생각하는 데에 도움이 될 수 있습니다. '희열ecstasy'이라는 단어는 헬라어 '엑스타시스ekstasis'에서 나왔는데, 이 헬라어 단어는 밖이라는 뜻의 '엑ek'과 정지 상태라는 뜻의 '스타시스stasis'가 합해진 단어입니다. 그렇다면 희열의 문자적 의미는 정지된 장소 밖에 있는 것입니다. 따라서 희열의 생활을 하는 사람들은 언제나 경직된 상황에서 벗어나 새로운 미지의 영역을 탐험합니다. 이것이 바로 기쁨의 본질입니다. 기쁨은 언제나 새롭습니다. 옛 고통과 슬픔과 비애는 있을지 몰라도, 옛 기쁨은 없습니다. 옛 기쁨은 기쁨이 아닙니다! 기쁨은 언제나 움직임, 회복, 재탄생, 변화, 즉 생명과 연관이 있습니다.

기쁨은 본질적으로 넘치는 희열입니다. 경직되고 고정되어 있는 죽음의 자리에서 나와 새롭고 놀라운 생명의 자리로 들어가기 때문입니다. "하나님은 죽은 사람의 하나님이 아니라, 살아 있는 사람의 하나님이시다"(마 22:32). 하나님께서는 죽음의 흔적조차 없습니다. 하나님은 생명 그 자체이십니다. 따라서 하나님의 집에서 사는 것은 곧 끊임없는 희열의 상태에서 사는 것입니다. 그곳에서 우리는 언제나 살아 있다는 기쁨을 경험합니다.

  이번 장에서는 우리 삶에서 희열이 가지는 의미를 살펴보려고 합니다. 먼저, 두려움과 희열이 왜 공존할 수 없는지를 보여줄 것입니다. 그다음에는 사랑의 집에서 희열은 어떤 방식으로 표현되는지를 설명하려고 합니다. 마지막으로, 새로운 세계 질서 속에서의 희열을 살펴보고 싶습니다.

희열과 두려움

두려움은 친밀함과 풍성함을 막는 것처럼 희열도 막습니다. "그 산을 봤을 때 우리는 희열에 넘쳤다"라고 말할 때는 두려움이 하나도 없었던 순간, 주변의 아름다움을 완전히 수용했던 그 순간을 생각하는 것입니다. 희열의 순간은 곧 자기 자신에게 몰두하지 않고 새로운 실재로 들어가는 순간입니다.

두려움의 집에는 희열을 위한 자리가 없습니다. 두려움은 익숙한 장소에 집착하게 하고, 심하게 불안할 경우 목적 없이 스스로를 낭비하게 만듭니다. 두려움이 지배할 때 이 두 가지 반응, 즉 판에 박힌 것과 정처 없음이 잘 나타납니다.

판에 박힌 것들은 익숙하기도 하고 친숙하기도 해서 잠시 두려움을 완화시킵니다. 우리는 종종 판에 박힌 말과 생각과 행동을 통해서 두려운 관계를 피합니다. 판에 박힌 것은 예측 가능하고 반복 가능하기 때문에 놀랄 것이 없습니다. "여기에서는 이렇게 일합니다" 혹은 "늘 이래왔습니다" 혹은 "나는 이 방법에 익숙합니다" 혹은 "내가 배운 바로는…"과 같은 말들은 정체되어 있는, 죽음을 가져오는, 판에 박힌 어떤 것들을 가리킵니다.

때로 판에 박힌 일은 정교한 의식의 형태를 취하기도 합니다. 잠자리에 들기 전에 어린아이들은 안전감을 느끼기 위해 부모가 특정한 의식을 해주기를 바라는 경우가 많습니다. 이야기, 기도, 쿠키, 뽀뽀, 노래와 같은 것들은 전부 어둠의 '영들'을 쫓아내기 위한 잠자리 의식이 될 수 있습니다. 아이들은 종종 늘 같은 것을 똑같은 순서로 해줄 것을 고집스레 요구합니다.

그러나 아이들만 그렇게 판에 박힌 것을 만들어내는 것은 아닙니다. 우리 모두가 어느 정도 다 그렇게 합니다. 우리의 의식은 하루를 시작하는 방법, 환대를 베푸는 방법, 대화를 이끄는 방법, 식사를 준비하거나 먹는 방법처럼 간단한 것일 수 있습니다. 그리고 정치에 대한 생각, 교회와의 관계, 기념일을 축하하는 방법, 죽음에 대해서 말하는 방법 혹은 인생의 위기에 대응하는 방법처럼 복잡한 것일 수도 있습니다.

　이 모든 것을 두려움의 표현으로 보는 것은 단순한 관점입니다. 그중 많은 것들이 삶의 질서를 잡고 다른 사람들과 소통하는 데에 유용한 방법들입니다. 그러나 판에 박힌 태도가 우리의 일상을 지배하기 시작하면, 그래서 변화에 대한 제안이 폭력적 저항을 불러일으키면, 두려움이 우리 존재의 뿌리를 오염시키기 시작한 것입니다.

　라르쉬에서는 판에 박힌 것으로 두려움을 해결하려는 시도를 쉽게 알아챌 수 있습니다. 한번은 서른 살의 지적 장애인 남자를 통해 깊은 감명을 받은 적이 있습니다. 그는 자신이 작업실에서 어떤 임무를 수행하는지 작은 부분까지도 정확하게 내게 말해주었습니다. 무척 놀란 나는 흥분하여 한 봉사자에게 그 이야기를 했습니다. 그러나 봉사자는 담담하게 이렇게 말했습니다. "집에 새로운 사람이 오면 늘 그 이야기를 해줘요. 낯선 사람을 대하는 자기 나름의 방법이죠. 그가 조금씩 두려움을 극복하고 다른 이야기들도 몇 개 더 구성하게 하려고 돕고 있어요."

　이 말을 듣자 갑자기 그 사람이 나랑 참 비슷하다는 생각이 들었습니다. 두려움을 가라앉히는 이야기가 내게는 하나 이상 있지만, 나를 잘 아는 사람들은 종종 이렇게 말합니다. "또 그 이야기예요!"

불안한 마음을 가라앉히고 남들에게 받아들여지기 위해서 사용하는 나만의 작은 '성공 이야기들'이 내게도 있는 것 같습니다.

두려움이 클수록 판에 박힌 것은 더 견고해집니다. 속한 환경이 불안해지면 우리는 종종 익숙한 사고방식과 행동방식에 집착합니다.

두려움이 잉태하는 것들

노 젓는 배를 타고 대서양을 건너기로 한 두 남자에 대한 이야기를 읽은 적이 있습니다. 여행 도중에 그들은 방향감각을 잃어버렸고 그래서 두려움에 휩싸였습니다. 끝이 보이지 않는 바다 한가운데에서 미쳐버리지 않을 수 있는 유일한 길은 '정신적 울타리', 즉 아주 엄격한 하루 일과를 만드는 것이었습니다. 그들은 단 1분도 남기지 않고 다 계획을 짰습니다. 심지어 대화의 주제와 방법까지도 꽉 차게 정했습니다. 한 시간 동안은 서로의 개인사를 교환하고, 또 한 시간은 예술에 대해서 이야기하고, 또 한 시간은 과학에 대해 토론하는 식이었습니다. 그런 식으로 그들은 정신의 경계가 무너지는 것을 방지하면서, 지나가는 배가 자신들을 발견하고 태워줄 때까지 온전한 정신으로 버틸 수 있었습니다.

  삶이 매우 구조화되어 있고 사상이 분명한 공동체에 사람들이 강력하게 끌리는 이유가 있습니다. 마음 깊이 자리 잡은 두려움 때문에 자유를 희생해서라도 안전을 확보하기 위함이지요.

  예수님은 율법주의에 나타난 이러한 판에 박힌 태도를 지적하셨습니다. 안식일을 지키는 문제에 대한 갈등이 그 좋은 예입니다. 안식일에 예수님이 날 때부터 앞을 보지 못하는 사람을 고치시자 바리새인들은 놀라서 말했습니다. "안식일을 지키지 않는 것으로 보아서, 그는 하나님에게서 온 사람이 아니오"(요 9:16). 그리고 예수님이 마찬가지로 안식일에 불구가 된 여인을 고치시자 회당의 관리들은 백성에게 이렇게 말했습니다. "일을 해야 할 날이 엿새가 있으니, 엿새 가운데서 어느 날에든지 와서 고침을 받으시오. 그러나 안식일에는 그렇게 하지 마시오"(눅 13:14).

  예수님은 율법을 지키는 것을 높이 평가하셨지만, 두려움과 권력이 동기가 되는 율법주의는 공격하셨고, 율법은 언제나 사랑의 일에 쓰여야 한다는 것을 분명하게 보여주셨습니다.

정처 없음과
목표 없음

우리는 정죄하는 바리새인들과 같지 않아 참 다행이라 하나님께 감사기도를 드릴 정도입니다. 그러나 심리학자 어윈 구디너프Erwin Goodenough는 모든 사람은 대부분 율법주의자로 산다고 주장했습니다. 분명하게 제시된 특정 행동지침을 따르는 데서 오는 평화로움과 안전한 느낌을 사람들은 좋아합니다. 그래서 사회마다 그리고 종교 단체마다 그러한 지침을 제시하려고 최선을 다합니다. 구디너프는 율법주의를 선명한 무늬가 있는 커튼에 비유합니다. 그 커튼은 우리가 알지 못하는 것은 막아주고, 선명한 무늬를 통해 어떻게 행동해야 할지를 보여줍니다. 그는 예수님이 '초율법주의자'였다고 말합니다. "적어도 몇 가지 지점에서는, 사회가 제공한 커튼을 뚫고 새로운 인식과 판단을 제시하셨다."(《종교 체험의 심리학*The Psychology of Religious Experiences*》, New York: Basic Books, 1965, pp. 102-103.)

판에 박힌 것들이 우리 삶에서 차지하는 자리가 있고, 안전하다는 느낌과 위로를 주기도 합니다. 그러나 그것이 우리의 주요 대응 장치가 되면, 우리를 경직시키고 심지어 죽일 수도 있습니다. 희열이

전혀 없다면 우리는 오래 생존할 수 없습니다.

그런데 두려움은 판에 박힌 태도만 낳는 것이 아닙니다. 그와는 정반대의 방향으로 우리를 이끌 수도 있습니다. 바로 정처 없음입니다. 두려움은 우리를 아무런 방향이나 목적 없이 이곳에서 저곳으로 떠돌아다니는 사람으로 만들 수 있습니다. 그럴 때 우리의 감정과 느낌은 강둑을 넘어가 땅에 물을 대는 것이 아니라 땅을 파괴해버리는 미친 강물과 같아질 수 있습니다. 갑자기 쏟아붓고, 자해를 하고, 정신없이 말하고, 도망가고, 목적 없이 떠돕니다. 이러한 것들은 전부 직면하기 힘들 정도로 큰 두려움에 대한 반응입니다.

예수님은 하나님의 아들이 오기 전에 있을 두려운 징조들에 대해 말씀하시면서, 제자들에게 방탕과 술 취함 그리고 세상살이의 걱정으로 마음이 거칠어져 정신없이 이리저리 뛰어다니지 말라고 경고하십니다. 예수님은 앞으로 일어날 모든 일을 견디고 살아남을 수 있는 힘을 위해 쉬지 말고 기도하며 기다리라고, 그리고 인자 앞에 확신 있게 '서라고' 촉구하십니다(눅 21:34-36 참조).

프랑스에 있는 라르쉬의 집 가운데 하나인 라 포레스티에르La Forestière에는 장애가 매우 심한 사람들이 사는데, 그곳에서는 불안이 자해로 나타나기도 했습니다. 봉사자들은 말을 하지도, 걷거나 먹거나 스스로 옷을 입지도 못하는 이 사람들이 자해하는 것을 막기 위해 무척이나 애를 씁니다. 예를 들어 이디스는 자주 자기 머리를 딱딱한 물체에 갖다 부딪칩니다. 이디스의 머리에는 자해한 상처를 가리고 스스로에게 더 큰 해를 입히지 못하도록 붙여놓은 반창고가 떨어질 날이 없습니다.

  의사 표현을 거의 하지 못하는 이러한 사람들의 마음에 도대체 무슨 일이 일어나는 것인지를 헤아리기는 쉽지 않습니다. 그러나 그들과 함께 있기만 해도 존재론적인 두려움을 감지하게 됩니다. 우리가 아무리 연민을 다해 이해하려고 해도 이해할 수 없는 매우 강렬한 두려움입니다. 이 깨어진 사람들의 불안은 겟세마네 동산에서 예수님이 겪으신 고통을 얼핏 보게 합니다. 그들의 불안은 아무도 꿰뚫을 수 없는 엄청난 외로움을 암시합니다. 돌봐주는 친구나 편안한 집의 필요를 훨씬 능가하는 집 없음의 상태, 인간의 절망이라는 깊은 골에 빠지게 하는 정처 없음의 상태를 암시합니다. 그럴 때 우리가 할 수 있는 일은 그냥 함께 있는 것밖에 없습니다. 아무런 변화도 기대하지 않으면서, 예수님이 십자가와 그 너머로 우리와 함께 지고 가기 위해서 오신 인간의 그 엄청난 두려움을 사랑과 경외의 눈으로 바라보며 그냥 함께 서 있을 수밖에 없습니다.

그런데 라 포레스티에르 같은 곳에도 기쁨과 평화가 있습니다. 장애인들과 그들은 돕는 자들은 신비롭게도 자신들의 고통보다도 강한 사랑의 공동체를 형성합니다. 행복과 슬픔을 초월할 뿐만 아니라 그것을 다 끌어안는 신의 현존은 그러한 공동체로 나타납니다. 이것은 십자가와도 연관이 있습니다. 그들에게 십자가는 희망의 표시입니다. 결국 뿌리는 있을 수밖에 없습니다. 정처 없는 방황을 능가하는 뿌리 말입니다.

정처 없음은 판에 박힌 태도만큼이나 기쁨을 낳지 못합니다. 우리가 떠날 수도 있고, 그곳에서 왔다고 말할 수 있는 집이 없으면, 어디를 가도 그것은 결국 허둥지둥 도망가는 것에 불과합니다. 정처 없음과 목표 없음은 서로 밀접하게 연결되어 있습니다. 자기 뿌리를 잃은 사람들은 방향 감각도 상실하는 경향이 있습니다. 이해할 만한 일입니다. 새로운 가능성을 탐색할 수 있는 시간과 장소와 맥락은 뿌리가 있어야 하는 것들이기 때문입니다.

집처럼 편안했던 기억이 거의 혹은 전혀 없으면 이 세상을 집처럼 느끼며 살아갈 자신만의 방법을 찾기가 힘듭니다. 마음과 정신을 개발할 동기를 상실한 많은 젊은이들은 집에 대한 의식이 거의 없습니다. 이 세상이, 생존하는 데에만도 모든 감정적 에너지가 필요한 두려운 곳이라면, 살아가는 방식을 바꿀 수 있는 역량은 거의 남지 않게 됩니다.

또 다른 영적 위기

페루에서 몇 달을 살고 보니 북미에 사는 나의 친구들이 대부분 기뻐하지 않고 산다는 사실이 놀라웠습니다. 먹을 것과 입을 것이 넉넉하고 집도 있고 의료제도도 잘되어 있는 나라에서, 게다가 페루 사람들보다 교육도 더 많이 받았는데도, 북미의 젊은이들은 마치 세상의 모든 짐을 자기 어깨에 지고 다니는 것 같았습니다. 많은 문제들에 매우 진지하게 몰두해 있는 것 같았고, 이 세상을 괴롭히는 주요 문제들에 대한 책임이 자신에게 있는 것처럼 하고 다녔습니다.

그들의 말은 무거웠고, 생각은 어두웠으며, 감정은 우울했고, 전망은 비관적이었으며, 자존감은 매우 낮았습니다. 자신이 속한 사회를 집처럼 편안하게 느끼는 사람이 거의 없었습니다. 그들은 종종 불편한 가족 관계 때문에 괴로워했고, 또래들과 친밀한 관계를 잘 맺지 못했고, 권위의 자리에 있는 사람들에 대해서는 적대적이었습니다. 자신의 몸에 대해서도 그들은 편안해하지 않는 경우가 많았습니다. 여러 가지 면에서 그들은 소외된 상태였습니다. 자신들의 과거, 현재, 미래에 대해서도 이방인 같았습니다. 자신이 떠나온 집도, 돌아갈 집도, 진정한 움직임도, 진정한 생명도, 진정한 기쁨도 없는 이방인 같았습니다.

야심 있고 성공한 내 친구들에게 이러한 깊은 고통이 있는 것을 보고 느끼면서, 소위 제1세계라고 불리는 곳의 엄청난 영적 위기 앞에서 나는 갈수록 막막한 기분이 되었습니다.

희열과 사랑

희열은 판에 박힌 것과 정처 없음의 중간지대가 아닙니다. 기쁨은 신적 근원에서 나와 우리의 삶을 뚫고 들어오는 것이기 때문에 판에 박힌 것과 정처 없음이 거하는 두려움의 집에는 기쁨이 없습니다. 물론 기쁨을 만들어내려고 하는 시도들은 많습니다. 특별 할인 판매 기간, 리셉션, 깜짝 파티는 우리 사회에 매우 흔한 것들입니다. 하지만 그러한 '상품'들은 안쓰럽기만 한 우리의 상태를 전혀 바꾸지 못합니다. 그저 몇 시간만이라도 과거는 잊고 미래는 무시할 수 있는 분위기를 만들어내려는 것 아닐까요? 사람들에게 잠깐 동안의 인위적인 행복을 줘서 기뻐하게 만들려고 얼마나 많은 돈과 에너지를 쓰는지 모릅니다. 그러나 이러한 행복은 사형선고를 받은 사람에게 잘

차려진 식사를 제공하는 것만큼이나 억지스럽습니다. 그런 식사는 맛은 좋을지 몰라도 그를 살려주지는 못하니까요.

진정으로 기쁨 충만한 삶이 가능하다고 믿는 사람은 이제 거의 없습니다. 인생은 감옥이라는 것을 어느 정도 받아들이고 그 반대의 환상을 심어주는 기회들에 고마워합니다. 예를 들면, 호화 유람선 여행, 추리 소설, 성적 체험, 고조된 의식 상태에서 보내는 몇 시간과 같은 것들이지요. 이것은 두려움의 집에서 경험하는 행복입니다. '이 세상이 만든' 행복이며, 따라서 지속되지도 깊은 만족을 주지도 못합니다.

친밀함에서 흘러나오는 기쁨

세속화된 서구 사회에서 크리스마스는 이처럼 환상에 불과한 행복을 경험할 수 있는 좋은 기회입니다. 두려움으로 가득한 우리 삶에서 잠시 벗어나게 해주지요. 많은 사람들에게 크리스마스는 더 이상, 우리와 함께하시고 인류의 상처에 숨어 계시는 하나님의 탄생의 신비를 축하하는 날이 아닙니다. 그날은 더 이상 기도와 회개로 기다리고, 예민한 주의력으로 묵상하며, 선례의 엄숙함과 즐거운 노래와 평화로운 가족 식사로 기억하는, '아기 예수'의 날이 아닙니다. 이제 크리스마스는, 기업은 고객에게 그동안의 성원에 감사하며 선물을 보내고, 우체국은 쏟아지는 축하카드를 처리하느라 늦게까지 일하고, 먹고 마시는 것에 엄청난 돈을 쓰고, 하루 종일 사람들과 어울려 다니는 날이 되었습니다. 크리스마스트리가 세워지고, 길거리에는 장식이 늘어서고, 대형 마켓에서는 감미로운 음악이 들리고, 아이들은 부모에게 "이거 사주세요, 저거 사주세요" 합니다. 바쁜 사람들의 얄팍한 행복이, 우리와 함께하는 하나님이신 임마누엘의 깊고도 지속적인 기쁨을 경험해야 하는 그 자리를 대신 채울 때가 많습니다.

 예수님이 제자들에게 주시는 기쁨은 자기 자신의 기쁨이며, 자신을 보내신 분과의 친밀한 교제에서 흘러나오는 기쁨입니다. 이 기쁨은 행복한 날과 슬픈 날을 구분하지 않으며, 성공의 순간과 실패의 순간을 구분하지 않으며, 영광의 순간과 수치의 순간을 구분하지 않으며, 수난과 부활을 구분하지 않습니다. 이 기쁨은 하나님이 주신 선물이며, 우리가 병들었거나 가난하거나 억압당하거나 박해를 받는다고 해서 떠나는 것이 아닙니다. 이 세상이 비웃거나 고문할 때도, 빼앗아가거나 불구로 만들 때도, 싸우거나 죽일 때도 여전히 존재하는 기쁨입니다. 그것은 진정한 희열이며, 언제나 우리가 두려움의 집에서 나와 사랑의 집으로 들어가게 하며, 비록 죽음에 소음이 여전히 크게 울리고 죽음이 입히는 손상도 눈앞에 보이지만 더 이상 죽음에 최종 결정권은 없다고 선언합니다. 예수님의 기쁨은 인생을 높이고 축하하게 해줍니다.

'축하'라는 단어가 여기에서는 정말 필요합니다. 사랑의 집에서의 신성하고 넘치는 기쁨은 축하를 통해 나타납니다. 축하는 예수님의 새로운 공동체의 특징이기도 하지만 제자의 삶의 특징이기도 합니다. 제자는 옛 생활을 뒤로하고 새 생활을 찾아 나섭니다. 공동체는 '엑-클레시아 ec-clesia'입니다. 압제의 땅에서 '부름 받아 나와서' 자유의 땅으로 들어간 사람들입니다. 공동체 전체뿐만 아니라 각 제자들도 주님을 따르며 축하해야 합니다. 축하는 승리가 입증된 하나님의 사랑을 멈추지 않고 계속 높이는 것입니다. 축하는 넘치는 하나님의 기쁨이 우리에게 가시적으로 나타나는 구체적인 방식입니다.

'축하'라는 단어를 그리스도인의 삶의 핵심 단어로 회복하는 것이 매우 중요합니다. 축하는 행사 때 하는 파티가 아니라, 매 순간이 특별하며 높은 곳에서 오는 축복임을 계속해서 인식하는 것입니다. 크리스마스, 부활절, 오순절, 그리고 여러 성인의 날들이 있습니다. 생일, 기념일, 추모일도 많습니다. 반갑게 맞이해야 하는 날과 작별 인사를 해야 하는 날, 손님이 오는 날과 친구를 방문하는 날, 프로젝트를 시작해야 하는 날과 끝내야 하는 날, 심는 날과 거두는 날, 시즌의 개막일과 폐막일이 있습니다.

그러나 이러한 날들도 축하의 온전한 의미를 다 담아내지는 못합니다. 축하는 행복한 순간들만이 아니라 슬픈 순간들도 높여야 합니다. 넘치는 기쁨은 인생의 모든 것을 끌어안기 때문에 실패와 이별과 죽음이라는 고통의 순간들 앞에서도 움츠러들지 않습니다. 사랑의 집에서는 죽음도 축하의 대상입니다. 죽음이 바람직하거나 매력적이어서가 아니라, 죽음 앞에서 생명의 승리를 선언할 수 있기 때문입니다.

이곳 라르쉬에 있는 장애인들에게서 나는 고통, 외로움, 분노, 좌절, 깊은 불안, 그리고 가슴이 찢어질 것 같은 무력함을 많이 봅니다. 정중함과 예의 바름이라는 가면 뒤에 가려질 수 없을 정도로 너무 눈에 띕니다. 공개적으로 그리고 직접적으로 그 고통을 직면할 수밖에 없습니다. 그런데 바로 이처럼 아무것도 꾸밀 수 없는 상황에서 축하의 힘이 나타납니다. 라르쉬에서는 사람들이 마치 이렇게 말하는 것 같습니다. "그래요, 사는 건 힘들어요. 정말 힘들어요. 고통과 실망과 슬픔이 가득한 날이 계속 이어지지요. 하지만 생명을 주시는 분께 감사함으로 드높이지 못할 날은 단 하루도 없어요. 어둠 가운데서도 빛이 드러나지 않는 순간은 단 한 시간도 없으며, 열매를 맺지 못하는 죽음은 단 하나도 없어요."

매일 밤 라르쉬에 사는 사람들은 촛불과 예수님이나 마리아의 아이콘을 가운데 두고 같이 둘러앉아 노래를 부르고 성경을 읽고 기도를 드립니다. 이 시간에 슬픔이 차오르는 때가 많습니다. 기대했던 방문을 받지 못한 모리스의 슬픔, 어머니가 아직도 아픈 마리의 슬픔, 자기 방에서 나오지 않겠다고 하는 피에르의 슬픔. 그러나 기쁨도 있습니다. 좋은 음식, 새로운 봉사자, 새로운 그림, 친절한 손님, 아름다운 선물, 싱싱한 꽃 때문에 기뻐합니다. 이렇게 밤에 드리는 감사와 간구와 찬양의 기도는 기쁨과 슬픔의 구분을 훌쩍 뛰어넘어 세상이 주지도 가져가지도 못하는 말할 수 없는 기쁨에 이르게 합니다.

식탁에는 언제나 꽃이 있고, 종종 특별한 이름이 붙은 초나 냅킨도 있습니다. 처음에는 그것이 지루하게 반복되는 주간과 월간의 일 과를 깨는 방법이리 생각했습니다. 그러나 치료가 필요한 사람들이라는 사실이 너무도 명백하게 드러나는 이곳에서는, 새로운 희망을 잠시라도 보지 않고, 사랑의 음성을 듣지 않고, 온전히 신뢰할 수 있는 자리가 우리 가운데 있음을 느끼지 않고 지나가는 날이 하루도 없다는 것을 곧 깨달았습니다. 브래드의 생일이건 성 프란체스코의 축일이건, 알랭이 떠나는 날이건 에밀이 돌아오는 날이건, 대강절이 시작되었건 사순절이 끝났건, 실비아의 어머니가 돌아가셨건 제라드에게 여동생이 생겼건, 주께서 십자가에서 돌아가셨건 죽은 사람들 가운데서 부활하셨건, 모든 것을 높여 멈추지 않는 기쁨의 노래로 축하해야 합니다. 이 기쁨은 질병이나 죽음이 파괴할 수 없는 생명의 기쁨입니다.

 축하는 잠시 사람의 기분을 좋게 해주는 방법이 아닙니다. 축하는 생명의 하나님에 대한 믿음이 웃음과 눈물을 통해서 삶 가운데 실현되는 방법입니다. 따라서 축하는 의식과 관습과 전통을 넘어섭니다. 인생의 모든 굴곡 이면에 기쁨의 물줄기가 굳건하게 흐르고 있다는 사실을 끊임없이 확인해줍니다. 라르쉬에 사는 장애인들은 내게 가장 중요한 수업의 스승, 즉 하나님의 집에서 사는 방법을 가르치는 스승이 되고 있습니다. 그들의 기쁨은 죽음이라는 두려운 곳 너머로 나를 이끌고 가서 모든 생명의 잠재적 희열에 내 눈을 열어줍니다. 기쁨은 새 생명이 언제나 박차고 올라올 수 있는 견고한 땅입니다. 기쁨은 하나의 느낌이나 감정 혹은 하나의 의식이나 관습으로 포착할 수 있는 것이 아니며, 언제나 우리의 기대를 뛰어넘고 언제나 놀라운 광경을 펼쳐 보여줍니다. 그래서 언제나, 우리가 생명의 주님의 현존 가운데 있다는 것을 보여주는 표시가 됩니다.

이것을 희망 사항이나 행복한 꿈이라고 치부하고 싶을 수 있습니다. 그러나 내가 여기에서 말하는 기쁨을 맛본 사람은 그것이 사실임을 알며, 진정한 기쁨의 사람들을 만나본 사람도 그것이 사실임을 의심하지 않습니다.

그리스도와 교제할 때
나타나는 기쁨

기뻐하는 사람이 꼭 농담을 하거나 웃거나 심지어 미소를 지어야 하는 것은 아닙니다. 어떤 순간이나 사건의 심각성을 늘 상대화하는 낙관주의자도 아닙니다. 기뻐하는 사람은 인간 존재의 엄연한 현실을 두 눈 똑바로 뜨고 보지만 그것에 갇히는 사람이 아닙니다. 그들은 "삼킬 자를 찾아"(벧전 5:8) 돌아다니는 악한 세력을 냉정하게 인식하면서도, 동시에 죽음에 최종적 힘이 없다는 사실도 압니다. 그들은 고통 받는 사람들과 함께 고통 받지만, 고통에 매달리지는 않습니다. 그들은 고통 너머에 있는 영원한 평화를 가리킵니다. 에티 힐레줌Etty Hillesum이라고 하는 네덜란드 여인만큼 기쁨을 잘 체화한 사람도 드물 것입니다. 그는 나치 지배하의 암스테르담에서 살았고 1942년에는 아우슈비츠에 수용되기도 했습니다. 네덜란드에서 있었던 집단 학살의 고통 한가운데서 그는 이렇게 썼습니다.

"인간이 경험할 수 있는 많은 슬픔과 슬픈 상황들을 나는 알고 또 경험도 했다고 생각합니다. 그러나 나는 그것을 붙잡지 않습니다. 그 고통의 순간들을 연장시키지 않습니다. 그것은 인생과 마찬가지로 나를 통과해 지나가 영원히 흐르는 넓은 강에 합류하고 인생은 계속됩니다. 그렇기 때문에 내 힘은 보존되고, 헛된 슬픔이나 반항심에 그 힘을 뺏기지 않습니다."(《중단된 삶: 에티 힐레줌의 일기An Interrupted Life: The Diaries of Etty Hillesum, 1941-1943》, New York: Pantheon, 1984, p. 81).

그러나 기쁨은 단지 개별적 인간에게서 뿜어 나오는 자질이 아닙니다. 그것은 신자들의 공동체에 주어지는 선물이기도 합니다. "두세 사람이 내 이름으로 모여 있는 자리, 거기에 내가 그들 가운데 있다"(마 18:20). 이 말은, 희열은 곧 그리스도 자신의 기쁨 가득한 현존임을 보여줍니다. 그 기쁨은 우리가 그리스도 안에서 그리고 그리스도를 통해서 서로 교제할 때마다 나타납니다.

공동체를 통해
완성되는 기쁨

지난 10년 동안 나는 성찬식이 사람들 사이에서 깊고도 지속적인 공동체를 만들어낸다는 사실을 보게 되었습니다.

오랫동안 나는 성찬식이 무엇보다도 이미 존재하는 공동체를 축하하며 표현하는 것이라고 생각했습니다. 물론 이것도 사실이지만, 최근의 경험을 통해 성찬식은 공동체를 표현할 뿐만 아니라 만들기도 한다는 사실을 알게 되었습니다.

나는 두 개의 대학에서 한두 명의 학생과 함께 날마다 성찬식을 갖기 시작했습니다. 서서히 더 많은 학생들이 오기 시작했는데, 그들은 서로 아는 사이도 아니었고, 종교 문제에 대해서는 서로 다른 생각과 관점을 가지고 있었으며, 나이와 국적과 생활 방식도 매우 달랐습니다. 함께 모인 사람 중에 서로를 친구로 혹은 동료로 택할 사람은 거의 없었습니다. 그러나 그들은 모두 하나님의 말씀이 선포되고 그리스도의 살과 피를 나누는 이 매일의 성찬식에, 종종 매우 다른 이유로, 매력을 느꼈습니다. 몇 달이 지나자 서로 다른 이 사람들은 말씀과 성례에 이끌려 깊은 공동체가 되었음을 알았습니다. 육체적이거나 감정적인 매력이나 같이 지낼 만하다는 생각이나 공통의 관심사에 기초한 것이 아닌, 그들 가운데 살아 계신 그리스도의 현존에 기초한 결속을 발견했습니다. 함께 죄를 고백하고, 함께 하나님의 자비를 받고, 함께 성경말씀을 듣고, 같은 빵과 같은 잔을 함께 먹고 마시는 행위가 그들을 새로운 사랑의 공동체로 빚었습니다.

모두가 날마다 고군분투하는 상황에서 서로의 지지를 경험하기 시작했고, 많은 사람들이 서로 좋은 친구가 되었고, 심지어 어떤 사람들은 평생의 동반자를 찾기도 했습니다. 이것이 바로 영적인 공동체의 놀라운 열매였습니다. 나는 예수님의 약속이 구체적으로 성취되는 것을 보았습니다. "내가 땅에서 들려서 올라갈 때에, 나는 모든 사람을 내게로 이끌어 올 것이다"(요 12:32).

공동체는 하나님이 우리의 인생을 자신의 기쁨으로 완성시키시는 자리입니다. 예수님이 하신 모든 말씀은 자신의 기쁨을 우리와 나누고 그럼으로써 우리의 기쁨을 완전하게 하시기 위한 것이었습니다(요 15:11을 보십시오). 이 완전한 기쁨은 언제나 '우리의' 것입니다. 즉 함께하는 삶에 속한 것이라는 뜻입니다. 희열은 함께하는 삶을 향한 움직임입니다. 정체된 삶은 우리를 분리시키고 자신의 생존을 위해 싸우는 고립된 개인들로 만들어버립니다. 그러나 희열의 삶은 우리 '가운데에' 새 생명이 발견되는 자리로 이끕니다. 고립의 벽을 깨고 나와 하나님의 백성이, 이미 시작된 영원한 생명의 기쁨을 선포하는 백성이 되게 해줍니다. 그것은 예수님이 선포하신 나라의 첫 징후입니다.

하지만 아직 희열에 대해서 이야기할 것이 더 있습니다. 친밀함과 풍성함처럼, 이제 희열을 품은 삶의 전반적인 측면에 대해서 살펴보고자 합니다.

희열과 새로운 세계 질서

장 바니에와 그가 이끄는 장애인의 공동체에 대해 알아가던 시절에 나는 또한 인간의 고통이 여러 부분을 통해 나타나는 것을 더 많이 의식하게 되었습니다. 볼리비아와 페루의 비인간적인 가난을 목격했고, 힘겹게 얻은 독립을 지키기 위한 니카라과의 고통스러운 분투를 목격했고, 과테말라의 대량학살에 가까운 폭력을 목격했습니다. 그렇게 나는 개인 간의 관계만이 아니라 국가 간의 관계도 일그러뜨리는 사악한 세력과 마주하게 되었습니다.

희열이라는 단어가 개인과 작은 공동체에만 도움이 된다면 진정한 현대 영성의 기초가 될 수 없다는 사실을 나는 깨달았습니다. 창의적인 국제 관계를 좀먹는 '통치자들과 권력자들'을 무시하는 희열의 삶은 도피주의적입니다. 온 나라와 민족을 오염시키는 악의 세력은 가려져 있고, 복잡하고, 포착하기 힘들 때가 많지만, 우리는 그리스도인으로서 사랑의 하나님 이름으로 그 가면을 벗기고 추방시키라는 부름을 받았습니다. 그렇기 때문에 세계의 문제를 다룰 만큼 넓고, 국제적인 차원에서 작동하는 어둠의 세력을 진지하게 다루는 것을 두려워하지 않는 기독교 영성을 계속 찾아야 합니다.

악의 세력이 움직이는 모습은 쉽게 눈에 띕니다. 멋진 고층 사무실 빌딩들이 뉴욕, 시카고, 파리, 런던, 암스테르담 등에서 솟아오르는 한편 갈수록 많은 사람들이 살 집이 없고 심지어 이부자리를 펴고 누울 자리도 없습니다. 한쪽에서는 높은 가격을 유지하기 위해서 수 톤의 음식이 버려지는 한편 다른 쪽에선 수백만의 사람이 해마다 기아로 죽어가고 있습니다. 국가 안보를 위해 복잡한 무기를 만드는 데 수십억 달러를 쓰는 한편 노숙자, 난민, 문맹자, 굶주린 자, 노인, 태아, 장애인, 만성질환자, 수감자, 그리고 감정적 스트레스로 고통받는 수많은 사람들의 필요를 채우는 데에 쓰이는 자원은 거의 없습니다. 힘없는 사람과 힘 있는 사람, 가난한 사람과 부자, 그리고 건강한 사람과 병든 사람 사이의 간극이 벌어질수록 서로를 형제와 자매로, 우리 모두를 사랑의 집으로 불러들이시는 사랑의 하나님의 자녀로 보기가 힘듭니다.

과테말라에서 나는 가장 정교한 방법으로 사람을 밤낮 고문하는 독방 감옥들이 그 수도에 있다는 사실을 알게 되었습니다. 수많은 과테말라 원주민들이 정의와 평화의 외침을 막으려는 사람들에 의해 계획적으로 고문과 죽임을 당하고 있었습니다.

이것은 단순히 권력에 굶주린 자들의 범죄적 성향 때문에 일어나는 일이 아닙니다. 고문을 하는 사람도, 자신들의 이해를 훨씬 넘어서까지 뻗어 있는 악의 조직망의 희생자들입니다.

새로운 자유를 향해 손 내밀다

최근에 나는 강제로 가족과 분리되어 과테말라 군인으로 '만들어진' 젊은 과테말라 원주민의 이야기를 들었습니다. 그는 거절하면 자신도 같은 운명에 처하게 될 것이라는 협박 때문에 억지로 동료 원주민들을 고문하고 죽일 수밖에 없었고, 그 일로 인해 인간의 존엄성을 모두 박탈당했습니다. 공포가 그를 고문자와 살인자로 만들어버렸습니다.

　마침내 그가 가족을 방문할 수 있게 되었을 때, 그의 아버지는 그를 집으로 들어오지 못하게 했습니다. "네 어머니랑 인사는 할 수 있지만, 그 뒤에는 떠나야 한다. 네가 죽음을 부르기 때문이다." 이 원주민 농부는 자기 부족으로부터 거절당했습니다. 그들에게 그는 죽음의 악마에 사로잡힌 사람이었기 때문입니다.

　사탄이 예수님에게 "세상의 모든 나라와 그 영광"을 보여주면서 "네가 나에게 엎드려서 절을 하면, 이 모든 것을 네게 주겠다"(마 4:9)고 말했을 때, 예수님은 사탄이 세상에서 그러한 권력이 있다는 사실을 부인하지 않으셨습니다. 그리고 사도 바울은 우리의 싸움이 "인간을 적대자로 상대하는 것이 아니라, 통치자들과 권세자들과 이 어두운 세계의 지배자들과 하늘에 있는 악한 영들을 상대로 하는"(엡 6:12) 것이라고 서슴없이 말합니다. 이 세상을 움켜쥐고 있는 것은 사악한 죽음의 세력입니다. "이 세상의 통치자"(요 12:31)가 지금 일하고 있습니다.

　바로 이 지점에서 희열의 지구적 차원이 부각됩니다. 희열의 삶에는, 안전하고 익숙한 장소를 떠나 혹 자신의 안전이 위협당한다 하더라도 다른 사람들을 향해 자진해서 나아가려는 마음이 계속 따라옵니다. 국제적인 차원에서 말하자면 이것은 '우리 나라가 어떻게 하면 생존할 수 있을까?'라는 질문을 훌쩍 뛰어넘는 외교정책을 의미합니다. 그러한 정책은 무엇보다도 인류의 생존에 관심을 가지는 정책일 것이며, 국가 차원의 희생을 감수하려는 정책일 것입니다. 국가안보를 우상으로 삼으면 인류 전체가 위험에 처하게 된다는 사실을 깨닫는 정책일 것입니다. 미국인, 러시아인, 쿠바인, 니카라과인, 멕시코인이기 이전에 인간을 앞세우는 정책일 것입니다. 간략하게 말해, 국가들이 두려움에서 벗어날 길을 찾고 우리의 공통된 인간성을 축하할 길을 제시하는 정책이 될 것입니다.

희열은 언제나 새로운 자유를 향해 손을 내밉니다. 국가안보가 우리의 우선적 관심사이고 국가의 생존이 이 지구에서 생명을 보존하는 것보다 더 중요한 한, 우리는 계속해서 두려움의 집에서 살 것입니다. 궁극적으로 우리는 (개인적, 사회적, 국가적) 안전이냐 아니면 자유냐를 선택해야만 합니다.

자유는 인간의 진정한 목적입니다. 인생은 자유로울 때에만 '진짜'가 됩니다. 안전에 대한 집착은 우리를 꼼짝 못하게 만듭니다. 경직되게 하고 집착하게 하고 결국에는 죽음에 이르게 합니다. 안전에 집착하면 할수록 죽음의 세력은, 침대 곁에 두고 자는 권총의 형태로든, 집에다 두는 소총의 형태로든, 항구에 배치하는 특수 잠수함의 형태로든, 더 가시화됩니다.

다음의 비유는 국가안보에 집착할 때의 파괴적 결과를 보여주기 위해서 내가 쓴 것입니다.

지극히 작은 자를 위해

옛날에 어떤 민족이 있었는데, 그들은 이 세상의 자원을 조사하고는 이렇게 말했습니다. "역경의 때에도 살아남기에 충분한 자원을 지니고 있으려면 어떻게 해야 할까? 어떤 일이 있어도 생존하고 싶다. 그렇다면 먹을 것, 원료, 지식을 모아서 위기에 대처하자."

그래서 그들은 이것저것 끌어 모으기 시작했는데, 어찌나 심하게 했던지 다른 민족들이 항의를 했습니다. "너희는 필요 이상으로 많이 가지고 있는데 반해 우리는 목숨도 겨우 부지할 지경이다. 너희의 부를 일부 우리에게 달라!" 그러나 두려움에 찬 축적꾼들은 말했습니다. "안 된다. 비상사태를 대비해 이것을 지켜야 한다. 우리까지도 사태가 좋지 않을 경우, 우리의 생명이 위협당할 경우를 대비해야 한다."

그러자 다른 민족들이 말했습니다. "우리는 지금 죽어가고 있다. 제발 부탁인데 우리가 생존할 수 있도록 먹을 것과 원료와 지식을 달라. 기다릴 수가 없다. 우리는 지금 필요하다!"

그러자 두려움에 찬 축적꾼들은 가난하고 배고픈 사람들이 자신들을 공격할까 봐 더 두려워졌습니다. 그래서 그들은 서로 말했습니다. "우리가 축적한 것 주변으로 벽을 쳐서 누구도 뺏어가지 못하게 하자."

그래서 그들은 벽을 세웠는데 너무 높이 세워서 벽 바깥에 적이 있는지 없는지조차 보이지 않았습니다! 두려움이 커지자 그들은 서로 말했습니다. "적의 숫자가 너무 늘어나서 우리의 벽을 허물지도 모른다. 이 벽은 그들을 막을 만큼 튼튼하지가 않다. 벽 위에 폭탄을 설치해서 우리 근처에도 오지 못하게 해야겠다."

그러나 무장한 벽 뒤에서 안전함을 느끼기는커녕 그들은 자신의 두려움으로 만든 감옥에 갇혀 있는 자신을 보게 되었습니다. 심지어 자신들이 만든 폭탄이 적보다 오히려 자신들을 더 다치게 하지나 않을까 염려하며 그 폭탄까지 두려워하게 되었습니다. 그리고 서서히 그들은 죽음에 대한 두려움이 오히려 그들을 죽음에 더 가까이 가게 만들었음을 깨달았습니다.

죽음의 도구가 수적으로나, 복잡함에 있어서나, 범위에 있어서 더 커지고 넓어져서 수일 만에 인류를 말살시킬 수 있는데도 우리는 여전히 국가의 경계와 자존심과 명예를 지키는 일에 몰두합니다. 우리가 택한 방어 방법이 적만큼이나 우리 자신에게도 위험하다는 사실을 잊어버립니다. 가까이 있건 멀리 있건 이웃에 맞서 자신을 방어하기 위해서 나라들이 이토록 많은 돈을 쓴 적이 없으며, 인류의 전멸에 이토록 가까이 간 적도 없습니다.

이러한 우상숭배를 지적하고 새로운 희열로 가는 길을 여는 영성이 절실하게 필요합니다. 국가안보에 대한 강박에서 벗어나 국적, 인종, 종교에 상관없이 모든 민족을 위해 손을 내밀고 생명을 가꾸어야 합니다.

따라서 우리는 복음의 명령이 개인의 행동뿐만 아니라 국가의 행동에도 지침이 되는 영성을 계발해야 합니다. 많은 사람들이 이것은 순진한 생각이라고 말할 것입니다. 개인의 삶과 가족의 삶을 위해서는 예수님의 가르침을 기쁘게 받아들이지만, 국제 문제와 관련해서는 그 가르침이 비현실적이고 이상주의적이라고 생각합니다. 그러나 예수님은 특정한 개인들만 제자로 삼는 것이 아니라 모든 민족을 제자로 삼고 그들에게 자신의 명령을 지키도록 가르치라고 사도들을 내보내셨습니다(마 28:19-20). 마지막 날에 예수님은 이 나라들을 자신의 왕좌 앞에 불러서 질문하실 것입니다. "가장 작은 자를 위해서 너희가 한 일이 무엇이냐?"(마 25:31-46)

제자로 사는 인생은 개인의 경건이나 공동체의 충성을 크게 넘어서는 일입니다. 온 세상이 회심해야 합니다! 개별 민족들만이 아니라 온 나라들이 의심과 증오와 전쟁이 지배하는 두려움의 집을 떠나, 화해와 치유와 평화가 다스리는 사랑의 집으로 들어가라는 부름을 받았습니다.

성 베네딕트에서부터 시에나의 성 카타리나, 마틴 루터 킹 주니어, 토머스 머튼에 이르기까지 위대한 영적 지도자들은 모두 이 진리를 붙잡았습니다. 하나님의 말씀의 회복하는 능력은 개인의 혹은 개인 간의 안전한 경계 안에만 머물 수 없습니다. 새 예루살렘, 새 땅, 새 공동체가 필요합니다.

인류의 생존을 위해서는 두려움의 집에서 나와 사랑의 집으로 가야만 합니다. 러시아인들에 대한 두려움, 공산주의와 무신론에 대한 두려움, 세계에서 제일 힘세고 부유한 나라의 자리를 잃을 것 같은 두려움 그리고 다른 많은 사소한 두려움들을 핑계 삼아 더 많은 돈과 시간과 에너지를 들여 더 많은 파괴적인 무기들을 만들어낸다면,

우리가 사는 이 행성은 다음 세기까지 살아남을 확률이 매우 적을 것입니다. 죽음을 바라는 마음과 죽음의 위협에서 벗어나 나라들이 함께 국제적인 화해와 협력과 돌봄의 길을 찾아야만 합니다. 평화, 평화의 사역, 그리고 평화 유지 세력을 위한 전문학교가 정말로 필요합니다. 평화를 주요 관심사로 삼는 교육 개혁, 교회 개혁 그리고 심지어 놀이 개혁도 필요합니다. 정의를 모든 목표로 삼는, 사회주의와 자본주의를 넘어서는 새로운 경제 질서가 필요합니다. 그러나 무엇보다 나라들은 새로운 세계 질서가 가능하다는 사실을 믿어야 하며, 나라들 간의 혹은 국가 연합들 간의 경쟁은 중세 시대의 도시 간 경쟁만큼이나 철 지난 것임을 알아야 합니다. 이것이 바로 '지구적 희열'의 핵심입니다. 지구적 희열은 두려움에서 사랑으로, 죽음에서 생명으로, 정체에서 재탄생으로, 경쟁자의 삶에서 인간 공동체의 삶으로 이동하는 것입니다.

 이것은 사실 아주 큰 꿈을 꾸는 것입니다. 마치 일단 한 번 작곡하고 나면 친숙하게 들리는 새로운 교향곡을 작곡하는 것과도 같습니다. 베토벤의 5번 교향곡은 처음부터 늘 존재했던 곡처럼 들립니다. 너무 익숙해서 그 곡이 존재하지 않았던 시절도 있었다는 사실이, 그리고 한 인간이 각 장마다 음 하나하나를 다 생각해냈다는 사실이

믿기지가 않습니다. 이 곡은 그냥 하늘에서 떨어진 것이 아니라 누군가가 만들어야 했습니다. 마찬가지로 나라들은 자신의 연합을 높이며 전 세계적으로 축하하고, 희열과 기쁨의 노래로 창조주를 찬양할 수 있는 새로운 길들을 찾아야만 합니다. 그런 평화는 가능하지 않다며 많은 사람이 절망합니다. 그들은 옛 방법을 붙잡고 평화를 위해 모험을 하는 데서 오는 불안함보다 전쟁을 준비하는 데서 오는 안전한 느낌을 더 좋아합니다. 그러나 감히 평화의 새 노래를 부르는 소수의 사람들은 우리 시대의 새로운 성 프란체스코들입니다. 그들은 과거의 폐해로부터 솟아오르는 새로운 질서를 살짝 보여줍니다. 이 세상은 새로운 성인들, 하나님의 사랑에 아주 깊이 뿌리박고 있어서 더 이상 전쟁으로 국가 간의 갈등을 해결하려 하지 않고 정의가 다스리는 새로운 세계 질서를 마음껏 상상할 수 있는 희열에 찬 남자와 여자들을 기다리고 있습니다.

여기저기에서 우리는 이 비전을 잠깐씩 봅니다. 장 바니에가 20년 전에 자기 집에 두 명의 장애인을 받아들였을 때 많은 사람들은 시간과 재능의 낭비하는 일이라고 생각했습니다. 그러나 그에게 그 일은 두려움에서 사랑으로 가는 구체적인 길이었습니다. 그는 상한 자들을 자신의 가족으로 택함으로써 예수님의 길을 따랐다고 믿었습니다. 비현실적이고, 감상적이고, 순진하다고 생각하십니까? 우리 시대에 뜨겁게 논쟁하고 있는 일들에 자신의 에너지와 재능을 바치는 것이 더 나았을까요? 그는 그저 자신이 부름 받았다고 생각하는 일을 했을 뿐입니다. 그러나 20년이 지난 오늘 세계 곳곳에서 온 젊은 남녀들이 수많은 라르쉬에서 장애인들을 돌보며 함께 일하고 있습니다. 라르쉬는 물론 새로운 세계 질서도 아니고, 전쟁과 폭력의 끝도 아니고, 새 외교 정책의 시작도 아닙니다. 그러나 그것은 빛입니다. "등불이 집 안에 있는 모든 사람에 환히 비치"(마 5:15)도록 등경 위에 놓아둔 빛입니다. 장 바니에는 라르쉬의 등불이 바구니 밑에 있기를 원하지 않습니다. 그는 이렇게 썼습니다.

생명을 위한 싸움

우리는 바깥세상과 단절된 작고 따스한 공동체를 추구하는 것이 아닙니다. 라르쉬는 정의를 위한 싸움에 참여합니다. 이 세상 곳곳의 가난하고 억압당한 사람들과 연대하고 싶습니다. 평화를 위해 싸우고 싶습니다. 그러나 라르쉬가 이러한 모든 일을 하는 방법은 거대한 정치적, 사회적 운동의 방법과 다릅니다.

우리의 싸움은 무엇보다도 생명을 위한 싸움입니다. 우리는 모든 인간, 각 사람의 생명이 중요하다는 사실을 분명하게 강조하고 싶습니다. 특히 그 사람이 지극히 가난하고, 매우 상한 상태일 때 더욱 그렇습니다. 우리는 이러한 주장을 연설이 아니라 의미 있는 행동을 통해서 하려고 합니다. 우리는 커다란 정치적 싸움에 참여할 수 없고, 세계적인 활동에 힘을 보탤 수도 없습니다. 왜냐하면 브와케에 있는 이노상트가, 퀘벡에 있는 뱅상이, 아이티에 있는 프랑수아즈가, 그리고 그 외에 아주 많은 사람들이 우리가 늘 그들과 함께 있을 것을 요구하기 때문입니다. 매 순간 우리는 이 사람들이 자기 곁에 누군가 있다는 사실과 안전하다는 사실을 알게 하려고 애를 씁니다. 이 사람들이 살기를 원하고 성장하기를 원하도록 도우려면 그렇게 해야 하기 때문입니다.

그러나 동시에 우리는 정의를 위해 분투하는 이러한 모든 운동을 지지해야만 합니다. 때로는 마음과 격려로만 그들 곁에 있을 수밖에 없을 때도 있습니다. 그러나 또 어떤 때는 간혹 현장에 나타나 주목을 받기도 합니다. 우리 공동체가 고통 받는 사람들과 연대하도록, 그리고 분리와 절망의 세상에서 희망의 자리가 되도록, 우리 기도합시다.(《라르쉬 편지〉, 1985년 9월, p.1.)

    라르쉬는, 가난한 사람과 억압당하는 사람들을 돌보는 전 세계적인 운동은 성과 종교와 인종과 국가를 초월하는 새로운 의식을 낳을 수 있음을 상기시켜줍니다. 그러한 의식은 같은 인간성을 축하하고, 사랑의 하나님께 기쁨의 찬양을 부르고, 죽음에 대한 생명의 궁극적 승리를 선포하는 공동체를, 세계 공동체를 탄생시킬 수 있습니다.

결론

 이제 사랑의 집의 세 번째 특징인 희열에 대한 숙고를 마무리해야 겠습니다. '희열'이라고 하는 단어는 진정한 기독교 영성에서 기쁨이 얼마나 중요한지를 이해하게 도와주었습니다. 기쁨은 행복과는 근본적으로 다릅니다. 오르락내리락하는 감정의 기복에 의지하지 않기 때문입니다. 기쁨은 정체된 죽음의 자리를 떠나 풍성한 생명을 알아보고 축하하는 하나님의 집을 향해 계속 가는 것입니다.

 희열에는, 친밀함과 풍성함처럼, 지구적인 차원이 있습니다. 자기 파괴 직전까지 가 있는 이 세상 앞에서 희열은 새로운 세계 질서를 요청하고, 나라 간의 개별적 정체성을 전쟁의 요인으로 보지 말고, 같은 인간성을 축하하는 데 기여하는 고유성으로 보라고 나라들을 초대합니다. 우리는 사랑의 집에서 사는 희열의 삶의 개인적 차원뿐만 아니라 지구적 차원도 주장해야만 모든 것을 새롭게 하려고 오신 그리스도의 현존을 진정으로 증언할 수 있습니다.

인간이 경험할 수 있는 많은 슬픔과 슬픈 상황들을
나는 알고 또 경험도 했다고 생각합니다.
그러나 나는 그것을 붙잡지 않습니다.
그 고통의 순간들을 연장시키지 않습니다.
그것은 인생과 마찬가지로 나를 통과해 지나가
영원히 흐르는 넓은 강에 합류하고 인생은 계속됩니다.
그렇기 때문에 내 힘은 보존되고,
헛된 슬픔이나 반항심에 그 힘을 뺏기지 않습니다.

그들의 불안은 아무도 꿰뚫을 수 없는
엄청난 외로움을 암시합니다.
돌봐주는 친구나 편안한 집의 필요를 훨씬 능가하는,
집 없음의 상태, 인간의 절망이라는 깊은 골에 빠지게 하는
정처 없음의 상태를 암시합니다.
그럴 때 우리가 할 수 있는 일은 그냥 함께 있는 것밖에 없습니다.
아무런 변화도 기대하지 않으면서
예수님이 십자가와 그 너머로
우리와 함께 지고 가기 위해서 오신 인간의 그 엄청난 두려움을
사랑과 경외의 눈으로 바라보며

그냥 함께 서 있을 수밖에 없습니다.

희열의 삶은 우리 가운데에 새 생명이 발견되는 자리로 이끕니다.
하나님의 백성이 고립의 벽을 깨고 나와 이미 시작된 영원한
생명의 기쁨을 선포하는 백성이 되게 해줍니다.

그것은 예수님이 선포하신 나라의 징후입니다.

사소한 물질적 염려 때문에
내 힘의 아주 작은 부분이라도
낭비하지 않게 해주십시오.
내 순간을 잘 사용하여
하루하루를 열매 맺는 날로 만들어서
너무도 불확실한 미래를 위한 토대에
또 하나의 돌을 놓게 해주십시오.

내 안에 머물러 있어라.
그리하면 나도 너희 안에 머물러 있겠다.
사람이 내 안에 머물러 있고,
내가 그 안에 머물러 있으면
그는 많은 열매를 맺는다.
내가 너희에게 이러한 말을 한 것은

내 기쁨이 너희 안에 있게 하고
또 너희의 기쁨이 넘치게 하려는 것이다.

에필
로그

생명의 징후

하나님의 집에서 나타나는 생명의 징후들에 대해서 쓴 이 책의 막바지에 도달하면서, 나는 우리가 아직 완전히 집에 도착한 것은 아니라는 사실을 끊임없이 상기하게 됩니다. 온두라스와 과테말라에서 온 편지들은 중미 지역의 국지전이 더 위험해졌다고 하고, 북아일랜드에서 온 편지는 "문제가 훨씬 더 심각해졌다" 하고, 텔레비전에서는 아프가니스탄의 전투와 아프리카의 기아와 라틴아메리카의 가난과 중동의 폭력사태를 보여줍니다. 신문은 이탈리아의 유람선 '아킬레 라우로Achille Lauro'호의 납치 사건과 미 해군 제트기가 납치범을 잡은 기사로 시끄럽습니다. 두 정상인 고르바초프와 레이건의

만남에 대한 기사는 무기 경쟁을 멈추는 것에 대해 매우 비관적입니다. 언제 어디서건 귀를 기울이면 세계의 미래를 두렵게 바라보는 목소리들을 듣게 됩니다.

가족, 공동체, 마을, 도시와 같은 소단위 집단에서도 상황은 다르지 않습니다. 허다한 가정이 부모의 불화와 자녀들의 불안으로 고통받고, 숱한 종교 공동체들이 많은 회원을 잃었을 뿐만 아니라 활력도 잃었고, 수많은 도시들이 밤에 혼자 다니기 무서운 곳으로 변했습니다. 보스턴, 뉴욕, 파리, 런던과 같은 곳에서는 심지어 중산층의 사람들도 일자리를 찾지 못해 돈과 먹을 것이 부족합니다. 물론 가난한 사람들은 어디에서나 계속해서 고통 받고 있습니다.

1980년대의 젊은이들에 대해서 장 바니에는 이렇게 썼습니다. "그들은 이 세상을 지배하는 엄청난 세력들 앞에서 무력감을 느낍니다. 20년 전에 젊은이들은 모든 것을 할 수 있다고 생각했는데 이제 이들은 아무것도 할 수 없다고 확신합니다."('오늘날의 젊은이들 :

교회를 향한 다급한 외침', 〈성별된 삶 Vie Consacrée〉, 1985년 9월, p. 283).

이 세상을 움켜쥐고 있는 두려움은 쉽게 볼 수 있습니다. 집 없는 사람처럼 사는 이유가 도망 때문이든 집착 때문이든, 열매를 맺지 못하는 상태가 불모로 나타나든 불안에 찬 생산성으로 나타나든, 정체된 삶이 판에 박힌 지루한 생활로 나타나든 정처 없이 떠돌아다니는 생활로 나타나든, 두려움의 힘은 의심할 여지가 없습니다.

그러나 이 책은 두려움에 대한 것이기보다는 사랑에 대한 것이며, 집 없음과 열매 없음과 정체된 삶에 대한 것이기보다는 친밀함과 풍성함과 희열에 대한 것입니다. 나는 이 생명의 징후들을 높이고 싶습니다. 이 책은 집을 제시하기 위해서 썼습니다. 나중에, 폭탄이 이미 떨어지고 지구는 파괴되고 모든 사람이 죽은 후에가 아니라, 지금, 날마다 두려움 가득한 인생을 사는 지금 제시하기 위해서 썼습니다.

프랑스에 있는 장애인을 위한 공동체인 라르쉬에서 이 책을 쓰면서 나는 영적인 삶, 즉 하나님의 집에서의 삶은 멀리 떨어져 있는 시간과 장소를 위한 것이 아니라, 지금 이곳을 위한 것임을 그 어느 때보다도 확신하게 되었습니다. 그래야만 그것은 미래를 위한 약속이 될 수 있습니다. 매일 내 손에 빵과 잔을 쥘 때마다 나는 기도합니다. "아버지, 당신의 아들 예수께서 다시 오실 때 맞을 준비를 하며 지금 그분의 살과 피를 산 제사로 드립니다." 우리에게 희망을 주는 것은 우리 가운데 실제적이고 구체적으로 현존하시는 예수님이십니다. 지금 여기에서 먹고 마시는 것이 하늘의 잔치를 열망하게 해줍니다. 지금 여기에서 집을 찾아야 거할 곳이 많은 아버지의 집을 갈망하게 됩니다.

  자유를 주는 이 진리를, 정신적 장애가 심한 장애인들보다 더 잘 가르쳐줄 사람이 누가 있겠습니까? 이 사람들은 신문을 읽지도, 텔레비전을 보지도, 미래에 재난이 일어날 가능성에 대해 토론하지도 않습니다. 그들은 미래에 머물지 않습니다. 대신에 그들은 이렇게 말합니다. "나를 먹여주고, 입혀주고, 만져주고, 안아주세요. 내게 입맞추고, 말을 걸어주세요. 지금 여기에 함께 있어서 좋아요." 정신적 장애가 있는 사람들은 자신의 온 존재로 예수님이 정말로 우리 가운데 계심을, 그리고 비록 우리가 아직 여행 중이지만 이미 우리에게는 집이 있다는 사실을 선포합니다.

이 글을 쓰면서 나는 장 바니에가 공동체의 이름으로 선택한 '방주'의 깊은 의미를 다시 한 번 깨닫습니다. 높은 파도가 치는 와중에도 안전하고, 세찬 비가 내리는 중에도 보호받고, 거센 폭풍 가운데서도 방향을 잃지 않는다는 의미가 거기에 담겨 있습니다. 그것은 두려움으로 가득한 바다 위에 떠 있는 사랑으로 가득한 집을 뜻합니다.

여기에 감상의 여지는 하나도 없습니다. 방주 안에 있는 장애인들은 주변의 두려운 환경을 전혀 인식하지 못하는, 그저 단순하고 기쁘고 평화로운 사람들이 아닙니다. 이들은 자기 마음 깊은 곳에 이 세상의 두려움과 고통을 지니고 사는 사람들입니다. 이들이 경험한 거절, 격리, 고립은 이들에게 평생의 흔적을 남겼습니다. 이들과 함께 있으면 이내 이들의 엄청난 내적 고통에 깊은 영향을 받고, 또한 자기 자신의 고통을 상기하지 않을 수가 없습니다. 방주는 우리 시대의 파도에 따라 이리저리 흔들리는 집입니다. 그 누구든 어느 정도의 두려움을 가지지 않을 수가 없습니다.

그러나 예수님이 방주에 계십니다. 주무시면서 말입니다! 예수님은 우리 가까이 계십니다. 감당하기 힘든 두려움이 엄습해서 불안에 떨며 "주님, 살려주십시오. 우리가 죽게 되었습니다"라고 말하며 예수님을 깨울 때마다 예수님은 말씀하십니다. "왜들 무서워하느냐? 믿음이 적은 사람들아!" 그러고는 바람과 바다를 꾸짖으시고 모든 것을 다시 고요하게 해주십니다(마 8:23-27을 보십시오). 방주는 우리의 집이고, 예수님은 그것을 자신의 집으로 삼으셨습니다. 예수님은 우리와 함께 여행하시면서 우리가 어찌할 바를 몰라 허둥댈 때마다 혹은 다른 사람이나 자기 자신을 파괴하고픈 유혹이 들 때마다 계속해서 우리를 확신시켜주십니다. 그리고 함께 여행하시면서 우리에게 사랑의 집에서 사는 법을 가르쳐주십니다. 그 가르침을 이해하는 일은 매우 어렵습니다. 우리가 여전히 높은 파도와 세찬 바람과 거센 폭풍을 바라보기 때문입니다. 우리는 계속해서 이렇게 말합니다. "네, 네, 하지만 보세요!" 예수님은 무척이나 인내하시는 선생님이십니다. 예수님은 어디를 우리의 진짜 집으로 삼아야 하는지, 무엇을 찾아야 하는지, 어떻게 살아야 하는지, 끊임없이 우리에게 알려주십니다. 우리는 잠시 정신이 팔리면 그동안 들은 것은 잊어버리고 온갖 위험에만 집중합니다. 그러나 예수님은 반복해서 말씀하십니다. "내 안에 머물러 있어라. 그리하면 나도 너희 안에 머물러 있겠다. 사람이 내 안에 머물러 있고, 내가 그 안에 머물러 있으면, 그는 많은 열매를 맺는다. … 내가 너희에게 이러한 말을 한 것은, 내 기쁨이 너희 안에 있게 하고, 또 너희의 기쁨이 넘치게 하려는 것이다"(요 15:4, 5, 11). 이렇게 예수님은 자신의 집에서 친밀하고 풍성하고 희열에 찬 인생을 살라고 우리를 초대하십니다. 그 집은 우리의 집이기도 합니다.

부록

마지막 기도

이 책을 기도로 마치고 싶습니다. 앞에서 언급한 네덜란드 유대인 여성 에티 힐레줌이 쓴 기도문인데, 2차 세계대전 당시 나치가 네덜란드에 있는 유대인들을 한창 박해할 때 썼습니다. 그는 이 책의 핵심 주제를 나보다 훨씬 더 감동적이고 아름답게 표현했습니다.

하나님, 불안에 찬 시대입니다. 오늘 밤 처음으로 어둠 속에서 눈을 뜨고 누워 있습니다. 사람들이 고통당하는 장면이 하나씩 눈앞을 스쳐 지나갈 때마다 눈이 타는 것 같습니다.
하나님, 딱 한 가지만 약속드리겠습니다. 아주 작은 것 한 가지입니다. 내일에 대한 염려를 오늘의 짐으로 가져오지 않겠습니다. 물론 연습이 좀 필요하겠지만요. 하루하루가 그날 자체로 족합니다. 내 힘이 조금씩 사라지지 않도록 당신이 하시는 일에 보탬이 되겠습니다. 물론 미리 보장할 수는 없습니다만…. 사실 정말로 중요한 것은 우리 안에 있는 하나님 당신의 그 작은 부분을 안전하게 지키는 것입니다. 그리고 아마 다른 사람 안에 있는 부분도요. 우리의 상황에 대해서, 우리의 인생에 대해서 당신이 하실 수 있는 일이 별로 없는 것 같습니다. 당신 탓이라고 생각하지도 않습니다.

하지만 우리는… 우리 안에 있는 당신의 거처를 끝까지 지켜야 합니다. 지금 이 와중에도 하나님 당신을 자기 안에서 지키기보다 진공청소기와 은 포크와 은수저를 안전한 장소에 치워두는 사람들이 있습니다. 그리고 자기 몸은 안전하게 지키고 싶어 하지만 그 마음에는 수많은 두려움과 격한 감정만 남아 있는 사람도 있습니다. 그들은 "저들의 손아귀에 넘어가지 않겠어"라고 말합니다. 그러나 당신의 품 안에 있는 사람은 결코 저들의 손아귀에 있지 않다는 사실을 그들은 잊어버립니다.

이 대화를 하고 나니 마음이 조금 편안해졌습니다. 하나님, 앞으로 당신과 많은 대화를 나누겠습니다. 물론 내 믿음이 조금 약해지면 때로 소원한 시간을 보내기도 하겠지만, 언제나 당신을 위해 노력하고, 당신께 신실하고, 당신을 내 앞에서 몰아내지 않겠습니다.

사소한 물질적 염려 때문에 내 힘의 아주 작은 부분이라도 낭비하지 않게 해주십시오. 매 순간을 잘 사용하여 하루하루를 열매 맺는 날로 만들어서, 너무도 불확실한 우리 미래를 위한 토대에 또 하나의 돌을 놓게 해주십시오.

집 뒤편에 있는 재스민 덩굴이 지난 며칠간의 비와 폭풍으로 완전히 망가져서 흰 꽃들이 나지막한 차고 지붕의 시커먼 진흙 웅덩이에 둥둥 떠다닙니다. 그러나 내 안 어딘가에서는 그 꽃들이 여느 때처럼 풍성하고 우아하게 잘 자라고 있고, 하나님 당신이 거하시는 그 집에 향기를 퍼뜨립니다. 이렇게 제가 당신을 돌보고 있습니다. 폭풍이 치는 이 우울한 일요일 아침에 내 눈물과 불길한 예감만 당신 앞에 내놓는 것이 아니라 향기로운 재스민도 드립니다. 제가 가는 길에 만나는 모든 꽃을 당신 앞에 가져오겠습니다. 정말로 꽃이 많습니다. 언제나 당신이 제 안에 편히 거하시도록 노력하겠습니다.

심지어 제가 좁은 감방에 갇혀 있는데 철창이 둘러진 작은 창문으로 구름이 지나가는 것이 보인다면, 내게 아직 힘이 남아 있는 한, 오 하나님, 그 구름까지도 당신께 가져오겠습니다. 내일에 대해서는 아무것도 당신께 약속할 수 없지만, 보시다시피 제 의도는 아주 좋습니다.

이제 하루의 모험을 시작하러 나갑니다. 오늘 상당히 많은 사람들을 만날 것이고, 침범할 수 없는 요새를 포위한 수많은 적군처럼 사악한 소문과 위협이 다시 한 번 나를 칠 것입니다. (《중단된 삶 An Interrupted Life》, New York: Pantheon, 1984, pp. 151-152).

에티의 기도가 갈수록 나의 기도가 되고 이 책을 읽는 모든 사람의 기도가 되기를 간절히 바랍니다. 그러면 우리의 모든 고통과 기쁨은 우리 안에 거할 곳을 찾으신 하나님을 향한 찬양과 감사의 노래가 될 것입니다.

'무관한' 인생들이 하나님을 통해 서로 상관있게 되었습니다.
연약한 어린아이로, 떠돌이 설교자로, 십자가에 달린 추방자로
우리에게 계시되신 하나님으로 말미암아
우리도 서로에게 상관있는 존재가 되었습니다.
사랑의 집은 언제나 약한 자와의 연대로 이끕니다.
조건 없이 우리를 사랑하시는 그분의 마음에
가까이 가면 갈수록 우리는 서로에게 더 가까워지고
속량받은 인류의 연대를 이루게 됩니다.